Aurélie Filippetti

Das Ende der Arbeiterklasse

Ein Familienroman

Aus dem Französischen von
Angela Sanmann

S. FISCHER

Die Verse auf S. 78 stammen aus Louis Aragons Gedicht
Rose und Reseda (La rose et le réséda) aus dem Band
La Diane française (© Seghers, 1946)
in der Übersetzung von Rudolf Schottlaender.
In: *Frankreich meines Herzens. Die Résistance in Gedicht und Essay*,
hg. von Irene Selle. © Leipzig: Verlag Philipp Reclam jun., 1987,
S. 157–159, hier: S. 157 f.

Die Verse auf S. 99 stammen aus Saint-John Perse' Gedicht
Pluies V, in Saint-John Perse: Œuvre poétique © Gallimard 1960.

Die Strophe auf S. 169 stammt aus Bernard Lavilliers Lied
Fensch Vallée.

Die Originalausgabe erschien 2003 unter dem Titel
»Les derniers jours de la classe ouvrière« bei Editions Stock, Paris

Satz: Pinkuin Satz und Datentechnik, Berlin
Druck und Bindung: CPI books GmbH, Leck
Printed in Germany
ISBN 978-3-10-002213-4

Die Autorin dankt
Florence Aubenas und Alain Auffray.

Für Clara

Für meinen Vater

Die Niederlage

Es war achtzehn Uhr an einem Tag im Spätherbst, in der Dämmerung strömte ein bräunliches Licht aus den Buchen des Waldes von Hettange hervor. Ein weißes Auto fuhr die Anhöhe von Saint-Michel hinauf Richtung Norden. Oben angekommen, gelangte es auf ein von Raben bevölkertes Plateau, wo ein abgelegenes Gehöft im blassen Gelb der Felder verschwand. Klare Sicht und, weiter hinten, erneut der Wald, beinahe grau. Die Sonne mied die Gegend seit jeher. Man kam sich vor wie zur Zeit der Invasionen, als Horden aus nördlicher Richtung über Lothringen hinwegfegten, diese leichte Beute, stets der Gefahr ausgesetzt. Weit entfernt lag die vornehme Stadt Metz, die Italienerin, mit ihrer hoch aufragenden, fensterreichen Kathedrale und ihren fein ziselierten Skulpturen aus Jaumont-Stein.

Genau so, so war es, es war spürbar, es drang der fahlen Landschaft aus allen Poren: die Schwelle zum Pays-Haut. Die Grenzen. Man kam ins Anderswo, und ob man von der Stadt, vom nahegelegenen Thionville oder von Longwy her kam, aus den an Eisenvorkommen reichen Tälern der Fensch oder der Orne oder von den Wäldern und Schlössern in Luxemburg, Belgien oder Deutschland, hier herrschte ein unverwechselbarer Geruch nach Nirgendwo.

Das kleine weiße Auto fuhr an dem Dorf Angevillers vorbei, bog in einen Kreisverkehr ein. Oben drüber schwebten leere Kipploren. Das Seil, an dem sie hingen, reichte quer über die Straße und endete sodann, ein verlassener Bogen zwischen den beiden Metallpfeilern, eine Brücke, unwahrscheinlich, nutzlos.

Etwas weiter, ein anderes Dorf. In den Straßendörfern waren die Angriffe der Kavallerie von zwei rechtwinkligen Kurven abgebremst worden. Die schmalen Häuser, dreigeteilt, für die Menschen, für das Vieh und für das Heu. Langgezogene Fenster. Keine Menschenseele auf den Straßen. Das Texas Frankreichs erneut zur Wüste geworden.

Das Auto bog rechts ab und gelangte auf das Plateau. Raps gab es damals keinen. Braune Felder und ein tintenblauer Himmel, an dem die Wolken wie Geschosse explodierten. Die Straße war kurvenreich, das Scheinwerferlicht grell. Auf gerader Strecke beschleunigte der Wagen. Ganz am Ende ein alter Hof, und dann, kurz vor dem Mauerring aus Naturstein und roten Lehmziegeln, eine gefährliche Kurve. In den Ziegeln eine Nische mit Blumen.

Das kleine weiße Auto, von der eigenen Geschwindigkeit mitgerissen, prallte gegen die Mauer, schob sich zusammen, bis es nur noch ein Haufen aus gepresstem Metall war, und ging in Flammen auf.

Mater dolorosa

Sie schrie, und ihr Schrei hallte in der Stille der kleinen luxemburgischen Stadt wider. Angelo. Hinter dem Leichenzug und dem Pferd, das den Sarg zog, den winzigen weißen Sarg, einen Engelssarg. Eine junge, wehklagende Frau, in Schwarz gehüllt, schritt zwischen zwei Männern voran, große, feierliche Mannsbilder – die Schultern von der Mine und zuvor von den Feldern gestählt, dort, in Italien. Angelo. Zum zweiten Mal zerriss dieser Schrei die Stadt, zum zweiten Mal sprang er diejenigen an, die langsam und in Stille voranschritten. Zwölf Jahre zuvor war ihr erstes Kind gestorben, der erste Engel, primo angelo. Noch jünger, noch kleiner, der Junge, der von der Wiege geradewegs ins Grab kam. Sie noch immer aufrecht. 1923, 1935. Angelo.

Siebenundfünfzig Jahre später. Die Stadt ist nicht mehr dieselbe, aber, in drei Kilometern Entfernung, jenseits der Grenze. Frankreich, Land der Zuflucht. Menschenrechte und Integration. Die Siedlungen sind in Trauer, die Geschäfte haben ihre Türen geschlossen und die Rollläden heruntergelassen. Die Stadt ist auf den Beinen. Der Bürgermeister ist tot. Es sind zweitausend Menschen auf der

Straße, um ihm die sogenannte letzte Ehre zu erweisen. Kein Kreuz auf dem Eichensarg, das erscheint selbstverständlich, nur die Trikolore. Über der Menschenmenge schweben einige prunkvolle Standarten mit Brokatbesatz, Goldbordüren, Samt und bedeutungsschweren Akronymen. Kommunistische Partei Frankreichs, Verband des Département Moselle, CGT der Eisenminen Lothringens, Französisch-Italienischer Freundschaftsbund, Nationale Vereinigung der Algerien-Veteranen, Vereinigung der Angehörigen der Deportierten, viele Trikoloren, Blau, ein wenig Grün, viel Rot. Gilbert Mattioli, Salvatore Bellucci und François Ferrari tragen gemeinsam mit Armand Giovanelli, René De Matteis und Angelo Paracchini den Sarg. Jean Corradi hält eine Rede im Namen der Kameraden der Sektion Eisenminen der CGT. Angel, all die Kämpfe für die Minen und die Schwerindustrie, seit seinem vierzehnten Lebensjahr unter Tage gearbeitet, erst als Lehrling, dann als Bohrer und schließlich als Minenvertreter. Mit allen zusammen seine Auszeichnung zum dreißigjährigen Dienstjubiläum in der Mine gefeiert. Raymond Gatti für die Kommunistische Partei. Abgeordneter des Département Moselle von '79 bis '84, seit 1984 Bürgermeister von Audun, stets aktiv in der CGT und in der Kommunistischen Partei. Trotz seiner Krankheit, Lungenkrebs, 1984, kein Nachlassen im Kampf für seine Kameraden. Elvio Formica für die kommunistischen Abgeordneten des Stadtrates. Du fehlst uns jetzt schon, Angel. Raymond Marchesin für die sozialistischen Abgeordneten des Stadtrates. Dreißig Jahre lang haben wir Seite an Seite gekämpft, auch wenn wir natürlich nicht immer einer Meinung waren, aber was für eine Loyalität und Freundschaft. Er war Bergmann, ich Stahlarbeiter, das war schon die erste Rivalität. Angel ist Bürgermeister geworden und ich zweiter Stellvertreter, wir haben für euch gearbeitet, für unsere Kommune, damit Lothringen lebt. Lorenzo Pinacoli, Bürgermeister von Gualdo Tadino, für die italienischen Einwanderer. Er ist der Letzte, der spricht, und er spricht Italienisch. Er hat tausendzweihundert Kilometer im Auto hinter sich. Es gibt keinen Dolmetscher. Auch die, die nicht seine Sprache sprechen, verstehen ihn. Angelo. Angel Angelo, deine beiden Vornamen, glatt und adrett, kaum wahrnehmbar oder melodisch.

Und dieses Mal hallt der Schrei aus dem Jenseits wider. Ein drittes Mal ruft die Mutter den Allerletzten, den liebsten Benjamin, den letzten Angelino. Vieni, Angelo, ti aspetto, adesso, con i tuoi fratelli, vieni.

Und er war ihrer Stimme gefolgt, war zu seiner Mutter zurückgekehrt.

Lothringen

Nach dem Tod ihres Sohnes sogleich ein neues Kind. Ein Mädchen, es ist ein Mädchen. Anita, für ihren Vater La Parigina, die Kokette, in graublauen Kleidchen, die ihre Mutter genäht hat. Sie hat Angst im Dunkeln. In ihren Albträumen kommt ein Mann in Grau vor. Manchmal auch draußen. Auf dem Schulhof, der Mann in Grau. Und im Gedränge auf dem Markt ist er auch. Sie weint, versteckt sich schnell hinter ihrer Mutter. Da, sieh doch, aber da ist niemand. Italien ist in Äthiopien eingefallen. Abends betrachtet sie der Mann in Grau durch das Fenster des Wohnblocks, manchmal atmet er in ihrem Nacken, Anita, sie schreckt auf. Che succede? Die Armeen des Duce geraten in der Wüste ins Stocken. Atmen Sie nicht so nah an meinem Gesicht, behalten Sie Ihre Bakterien bei sich. Ich will nicht krank werden. Aber da ist niemand, beruhige dich. Ich will nicht in den Garten gehen, da ist er.

Sie wird einen kleinen Bruder bekommen. Den letzten der Angelos. Noch einen Jungen, schließlich, das letzte von sechs Kindern, vier Jungen, zwei Mädchen, zwei tote. Die Älteste lebt bei ihrer Großmutter jenseits der Grenze, in Luxemburg. Er also, ja er, Angelo, geboren 1938 im Norden Lothringens. Audun, Grenze zu Luxemburg. Mutters Liebling, den sie allen vorzog, der Empfindlichste und Draufgängerischste … Diesen, nein, den werden sie ihr nicht nehmen. Dieser Engel wird auf Erden bleiben und seine Brüder rächen. Der Krieg bricht aus. Der Vater, Tommaso, ist schon vor Mussolini geflohen, jetzt muss er sich mit Deutschland herumschlagen, ganz nah. Sehr schnell stürmen die neuen alten *Boches* die Grenze. Sie kennen den Weg, sie haben die Straßen selbst gebaut. Deutschland annektiert ein weiteres Mal das Moselgebiet. Es ist nicht mal mehr von Krieg die Rede, es ist eine Rückeroberung. Ein altes Ehepaar, das sein Betttuch zerreißt. Die Grenze verschiebt sich gerade mal um wenige Kilometer. Ganz nah. Zwischen Audun und Villerupt, zusammengeschweißt durch das Werk, durch Micheville, verläuft die rätselhafte Linie des *Reichs*. Auf der einen Seite Annexion, auf der anderen Besatzung. Im Jahr 1870 hatte de Wendel Druck ausgeübt, damit Briey, im Austausch gegen einige Minen weiter nördlich, in Frankreich bleibt. Dieses Mal werden sie alles nehmen, den Stahl, das Gusseisen, das Erz, die Schienen. Und die fliehenden Franzosen, der Exodus ins Département Vienne. Die Ehefrau Guglielma macht sich mit den Kleinen zuerst auf den Weg, während die Männer da bleiben. Warum sollte ausgerechnet Italienern in Frankreich Zuflucht gewährt werden? Es gibt die Arbeit, die Mine und bald, unter Tage, neben den Bergleuten, die russischen, sowjetischen Kriegsgefangenen, Sklaven des *Reichs*. Sie kommen so gut wie nie aus den Stollen heraus, wie die alten Pferde vergangener Tage. Ihre Füße sind aneinandergebunden, als ob sie irgendwohin fliehen könnten. Die Bergarbeiter, die anderen, diejenigen, die da sind, weil sie hier ihr Leben verkaufen müssen, geben ihnen manchmal zu essen. Sie schreiben auf die Wände, zeichnen auch.

Audun-le-Tiche wird wieder Deutsch-Oth, die Sächsin, wie sie mehr als vierzig Jahre lang geheißen hatte. 1871 bis 1919. Diejenigen, die sich nach Sedan entschieden hatten zu bleiben und die Grenze nicht erneut zu überwinden, um ihre Nationalität zu bewahren, kamen auf die Schule des *Kaisers*. Germanisierte Vornamen: Guglielma, italienischer Nationalität, im Großherzogtum Luxemburg, hieß für die deutsche Verwaltung offiziell Wilhelmine, wurde am Ende des Ersten Weltkriegs französisiert in Guillaumine, 1940 wieder zu Wilhelmine und dann nach dem Krieg als Guillaumette an die weiblichen Nachfahren weitergegeben.

Der Sohn brauchte keine anderen Namen, um seine Vergangenheit bis ins Grab zu erhalten. Aus Angelo wurde per Verwaltungsbeschluss Angel, weil man französisch sein musste bis zuletzt. Angelo, dreisilbig, sein Vorname, und der seiner beiden Brüder, die vor dem Krieg gestorben waren.

Die Demo

Gestern hatten sie sich vor der Präfektur versammelt. Gestern und so viele Male zuvor. Die Kameraden hatten mit Eisenerz beladene Lastwagen herangeschafft. Hatten einen riesigen, mehrere hundert Tonnen schweren Block mitten in der Stadt abgeladen. Unverrückbar. Die Polizisten, gezwungen, ihn mit dem Presslufthammer zu zerlegen. Bedauernswert die Leute, die das tun. In allen Zeitungen jetzt das Foto des Blocks, gelb, riesenhaft. Als sie aus dem Lycée kommen, stehen die wohlbehüteten Jugendlichen aus der Hauptstadt der Region denen aus dem fernen Pays-Haut von Angesicht zu Angesicht gegenüber, fremd, unkultiviert, unbeachtet. Haben niemals den Fuß in den nördlichen Teil der Region gesetzt. Einmal war eine Journalistin zu einer Reportage über eine alte Bergarbeitersiedlung aufgebrochen, die dort im Pays-Haut bei einer Theateraufführung auf dem italienischen Filmfestival von Villerupt zu neuem Leben erweckt wurde. Auf der Bühne zitterten die Arbeitersöhne und -töchter vor Stolz und Selbstbewusstsein. Sie sprachen vor dieser vertrauten Versammlung mit lauter Stimme, so wie richtige Itaker, sprachen von ihrer Geschichte, ihrer gemeinsamen

Erinnerung, überzeugt, dass man sie anhören würde, dass all das nicht wie eitles Wasser in den Furchen der Geschichte versickern würde. Im Namen all der Toten. Die Geschichte würde die Namen der wenigen rothändigen Offiziere nicht mehr bewahren, die Namen der wenigen Eigentümer von unerhörter Abstammung. Auch ihrer aller Leben würde Teil der Geschichte sein und das ihrer Väter, die, aus Italien, Polen und von anderswo hergekommen, den Ungeheuern des Erdreichs und den Höllenwächtern in ein und derselben Opfergabe zum Fraß vorgeworfen worden waren. Auch sie hatten ihr Blut hingegeben für ihr Land, Frankreich, für einen Kampf, den Stahl. Und mehr noch, während der Kriege hatten sie ihre Pflicht ebenso gut erfüllt wie viele andere, oft an vorderster Front, an diesen unsicheren Grenzen. Die Metallarbeiter dürsteten nach einer Geschichte, ihrer eigenen. Erinnerungen an das Leben der Berg- und Stahlarbeiter vergangener Zeiten, an die Bälle samstagabends und die Angst am Montagmorgen, wie konnte man wissen, ob diese Woche nicht die letzte sein würde, und man verabschiedet sich mit unerschütterlichem Herzen von seiner Frau. Aber die junge Journalistin ist niemals am Ort der Berichterstattung angekommen. Allein die Raben am Straßenrand wissen, wie es passiert ist. Ein schrecklicher Unfall, immer an der gleichen Stelle, eine gefährliche Kurve, normalerweise kommen hier nur Einheimische ums Leben. Doch wie schade, natürlich für die Frau selbst, aber auch sonst, sollte doch einmal von ihnen die Rede sein, ohne dass es um Entlassungen oder Demos ging. Lothringen wird leben. Die Aufführung fand unter freiem Himmel statt, die ganze Stadt wandte sich der Erinnerung an ihre Arbeiterschaft zu, an ihre Vergangenheit im Bergbau und in der Schwerindustrie, an ihre Stahlvergangenheit. Mit eisernem Willen an das Eisen glauben, das Bestand haben wird. Eine Aufführung, die mitten in einer alten Mine über Tage stattfindet, mit einem echten Förderturm auf der rechten Seite, von der Bühne aus gesehen, und der Felswand auf der linken. Nein, nichts, diese Region ist entschieden dem lautlosen Untergang geweiht, niedergestreckt mit einem Keulenschlag, ein Knall, dumpf, ein erbärmlicher Schutthaufen.

Der Segen

Die Türen des Aufzugs hatten sich gerade hinter der Gruppe von etwa vierzig Personen geschlossen, deren Gesichter etwas angespannt waren. Der Chef der deutschen Polizei schimpfte vor sich hin, er möge die Dunkelheit nicht, er habe Platzangst. Als er die kehligen Laute vernahm, zitterte der junge Lehrling, der als Fahrstuhlführer eingesetzt war. Was wollte die Gestapo hier, unter Tage?

Am Morgen des 3. Februar 1944 fuhren sie in die Mine von Audun-le-Tiche ein. Der Transportchef hatte den Jungen tags zuvor angewiesen, sich um Punkt acht am Eingang eines der Stollen bereitzuhalten, für offiziellen Besuch. Er hatte schließlich oben gewartet, über Tage, vor dem Aufzug.

In Begleitung des Minendirektors ließen sich zwei deutsche Soldaten und zwei Männer in Zivil von dem fünfzehnjährigen Lehrling durch die Stollen führen, der die kleine Kolonne aus Eisenerzloren und der einzigen für Besucher gedachten Lore steuerte. Der Direktor befahl, bei den verschiedenen Lagern anzuhalten, in denen sich die Ausrüstung für diejenigen Männer befand, die losgezogen waren, die Stollen weiter in den Berg hineinzutreiben. In jeder Abteilung, auf jeder Förderstrecke mit weiblichen Beinamen, die Brünette, die Schwarze, die Blonde, verließ die kleine Gruppe für einen Moment die Lok, um ein paar Bergleute zu holen, deren Hände mit einem Seil zusammengebunden waren. Sie wurden vor den einzelnen Lagern unter Aufsicht zurückgelassen, und erst am Schluss führte man alle vor dem Hauptlager zusammen, am Eingang zum sogenannten Hospitalstollen. Kein einziger Zeuge auf den verschiedenen Etappen, niemand, der irgendeinen Verdacht schöpfen konnte, weil sich die zwei Männer in Zivil abseits hielten, während der Direktor die Verdächtigen persönlich holte. Erst beim letzten Aufbruch begriff der Junge, dass es sich um eine Razzia handelte.

Man befahl ihnen, die Hände auf die Schultern ihres Vordermannes zu legen, man riss ihnen die Helme vom Kopf, und die kleine Kolonne verschwand heimlich in der Dunkelheit unter Tage.

Sie fuhren in die Mine ein, mit dem Segen der Minenleitung. Sie fuhren hinein, um sie abzuholen. Dieser Satz, unablässig wiederholt im Lauf der Jahre, als ob er dem Schrecken der Verhaftung, der Folter, des Todes den Schrecken der Erniedrigung hinzufügte, dass sie sich nicht hatten waschen, nicht bereitmachen, nicht von den ihren hatten verabschieden können, oder vielmehr die Erniedrigung, geschnappt worden zu sein, dort, als Ratte in der Falle, als Tier in der Schlinge, in einem Loch, schwarz, unter der Erde, wo man um sich schlagen, rennen, in Panik geraten, außer Atem kommen kann, wo aber alle Ausgänge unerbittlich verschlossen sind, gut bewacht, nichts zu machen. Und dann der Direktor der Mine selbst in der Rolle des Zerberus. Die Geschichtsbücher werden vermerken: Die de Wendel, die ihre Hochöfen für die Kanonen des Reiches auf Hochtouren laufen ließen, die Bosse der Bergwerksgesellschaft Rote Erde Mittäter bei den Verhaftungen.

In die Mine eingefahren, mit dem Segen der Bosse.

Sie brachten von diesem unterirdischen Fischfang menschliche Beute mit, warm und lebendig. Vierzehn Bergleute, an ihrem Arbeitsplatz festgenommen, unten in der dunklen Mine, denen es nicht einmal gestattet wurde, sich das Gesicht zu waschen. Schwarz blieben sie bis zur Ankunft in den Zellen der Polizeistation, in die man sie sperrte.

In den Dreißiger Jahren hatten sie, die bereits vor Mussolini geflohen waren, eine lokale Gruppe der Gesellschaft für Menschenrechte aufgebaut. Den ganzen Krieg hindurch verteilten sie Flugblätter, schmuggelten in beiden Richtungen Informationen über die Grenze. Unter ihnen auch zahlreiche militante Kommunisten. Jetzt waren sie da, schmutzig, mit braunem Staub bedeckt, der ihre Wimpern verklebte, Eisenstaub. Die Hände mit Seilen gefesselt, die Augen verbunden, die Haut triefend vor Schweiß und Dreck.

Sie musste rennen, um ihren Mann zu suchen, ihm zu essen zu bringen, und, während sie die Kinder in der Obhut einer Nachbarin ließ, stürzte sie die steil abfallende Straße hinunter, die sie noch voneinander trennte. Sie sprach Deutsch, und zwar einwandfrei. Wie alle Töchter aus Einwandererfamilien sprach sie, 1902 in Luxemburg geboren, Italienisch, Deutsch, Luxemburgisch, ohne lange die Schule besucht zu haben. Französisch lernte sie später, als sie zu ihrem Mann auf die andere Seite der Grenze zog, nach dem Ersten Weltkrieg, als das Département Moselle wieder zu Frankreich kam.

Sie stürzte den Abhang hinunter, um ihn zu sehen, ihn, Tommaso und seine beiden Brüder, kaum hatte sich das Gerücht verbreitet, dass sie verraten worden waren. Trotz ihrer flehentlichen Bitten in deutscher Sprache, nichts zu machen, sie verabschiedete sich nicht von ihm.

Sie hatten in den unterirdischen Gängen lange nach ihnen gesucht: Tief unten im Loch fühlten sich die Männer fast frei, während oben im Tageslicht Krieg herrschte. Sie begegneten den russischen Gefangenen, die versklavt wurden. Angekettet in den unterirdischen Stollen. Brach einer von ihnen vor Erschöpfung zusammen, war es für die SS ein Leichtes, ihn einige Kilometer weiter in dieses kleine Konzentrationslager auf französischem Boden zu bringen, wo der Verbrennungsofen lief wie anderswo auch. Thil.

Im Verborgenen gehalten; sie, die aus Italien geflohen waren, konnten sich dem Exodus der anderen nicht anschließen.

Aus einer abwesenden Heimat geflohen, ohne Flagge und ohne Sprache, konnten sie dieses Land nicht hinter sich lassen und es gegen ein anderes eintauschen, dieses eroberte Land, dessen Grenzen so unbeständig waren, dass sie sich auflösten, dieses Land, an dem man sich bei jeder Zuckung der Geschichte verging wie an einer Frau, für das man kämpfte wie für eine entehrte Liebe. Sie blieben in Lothringen und starben.

Zuerst die Dunkelheit der Mine. Und dann, hinter der Biegung eines Ganges, plötzlich, hinter dem Lichtkegel der Stirnlampe des Nachbarn, das blasse Gesicht eines Gestapo-Mannes. Was war diese letzte Rückkehr ans Tageslicht anderes als die erste Stufe zur Hölle. Sie sahen zuerst den weißen Lichtpunkt, der, schwach, unverhofft wie eine Fußspur in einer finsteren Wüste, langsam anwuchs – aber es herrscht immer noch Nacht, immer noch Angst –, wie er dann plötzlich größer wird, ein großer Vorhang, der zerreißt, die Rückkehr zu den Lebenden. Das Ende der Herrschaft der Schatten. Bei der Rückkehr ans Tageslicht waren sie oft erleichtert gewesen angesichts der vollendeten Arbeit, die hinter ihnen lag, erleichtert, wieder herausgekommen zu sein. Aber dieses Mal war es das Ende. Kein Krankenwagen mit heulenden Sirenen erwartete sie, wie für die nach einem Erdrutsch oder einem Stolleneinsturz eingeschlossenen Kameraden. Und so zitterten die Frauen auf dem nahegelegenen Marktplatz in banger Erwartung, vor welcher Tür er halten würde. Fuhr er an der eigenen Tür vorbei, entfuhr einem kaum ein Seufzer der Erleichterung, denn der Schmerz um die anderen, die es an diesem Tag getroffen hatte, verband sich mit der Wahrscheinlichkeit, am nächsten Tag an ihrer Stelle zu sein.

An diesem Tag im Februar 1944 wartete auf dem Zechenplatz ein Lieferwagen auf sie, der dort mit dem beflissenen Einverständnis der Hüttenwerksbesitzer parkte. Die gewissenhafte Gestapo hatte die Bosse um Erlaubnis gefragt, in die Mine einzufahren und den Tiefen des Erdreichs diejenigen zu entreißen, die sie in die Hölle schickte. Unter ihnen Tommaso und zwei seiner Brüder.

»Sie sind in die Mine eingefahren und haben sie abgeholt … mit dem Einverständnis der Bosse.«

Damit es keinen Aufruhr gibt, zwingt man sie, mit ihren schmutzigen Händen in Handschellen, durch das Hinterhoffenster in die Polizeistation zu klettern. Die vierzehn Bergleute, immer noch schwarz, werden mehrere Tage lang dort bleiben, bevor sie in das Fort von Queuleu in der Nähe von Metz überstellt werden. All das ist mittlerweile wieder deutsches Gebiet. Für die Überführung verbindet man ihnen erneut die Augen, fesselt ihnen die Hände, und bei der Ankunft entkleidet man sie. Nackt müssen sie erneut die Hände auf die Schultern ihres Nachbarn legen und sich in Bewegung setzen. Man dirigiert sie Richtung Treppe, sodass der Erste am Fuß der Treppe stürzt und die anderen über ihn fallen. Die deutschen Soldaten lachen. Unten lassen sie Hunde auf die Männer los und lachen wieder.

Die Frauen bringen Pakete ins Fort, fünfundfünfzig Kilometer weit, ohne Auto. Wie hat sie das gemacht, wie ist sie dort hingekommen, mit Wäsche und Essen, hat sie ihn gesehen? In jedem Fall haben sie sich geschrieben, die Farce eines Briefwechsels. Haben sie über die Folter gesprochen – die Kinder jedes Mal bei einer Nachbarin, und dann der Fußmarsch. Nein, nicht bei irgendeiner Nachbarin, bei einer der wenigen Nachbarinnen, die noch zu ihr stehen. Sassetti. Die anderen haben zu große Angst, verdächtigt zu werden. Trotz allem findet sie morgens manchmal Geld, das unter der Tür durchgeschoben wurde. Diese diskrete Solidarität erspart ihr, danken zu müssen. Kurze Zeit nach der Verhaftung durchsuchen die Männer in Schwarz eines Nachmittags die Wohnung derer, die schon nicht mehr nur Verdächtige sind. Da schlagen sie die Mutter vor den Augen des Kleinen, damit sie ihren Ehemann denunziert, ihre Schwäger, die Komplizen ihres Mannes. Haben auch sie beinahe mitgenommen, aber geben es, vielleicht, weil sie so gut Deutsch spricht, schließlich auf und verschwinden, lassen sie bei ihren Kindern zurück.

Sie hat nur noch sie. Ihr Mann ist nicht tot, er wird vermisst. Von Metz aus ist er in das Lager Dora gebracht worden, in Deutschland, immer noch zusammen mit seinen beiden Brüdern. Der eine, Filippo, ist zurückgekommen, hat nicht darüber gesprochen. Der andere blieb für immer mit ihm in Deutschland. Vermisst. Er selbst starb in Bergen-Belsen – wusste er, wo sein Bruder war –, im Mai 1945, nach der Befreiung des Lagers durch die Engländer. An Typhus ist er gestorben, aber vorher gefoltert: ans Kreuz geschlagen – wie viele Tage lang – und schließlich von einem Kameraden begraben, der später an dessen Frau schrieb, um ihr zu sagen wo.

Ein anderer der vierzehn Bergleute von Audun-le-Tiche wurde zu dem Zeitpunkt nach Bremen verlegt, als die Nazis, die das Ende kommen sahen, ihre Verbrechen von Gott oder der Vorsehung vollenden ließen. Bevor sie untertauchten, organisierten sie das finale Gottesurteil, stießen an die hundert Gefangene auf ein Phantom-Schiff ohne Verpflegung oder Besatzung und setzten sie in der Ostsee aus. Mehrere Wochen lang trieb das Schiff umher. Zwischen den verwesenden Leichnamen, die die schwedische Marine fand, sechsunddreißig Überlebende, darunter der Bergmann Di Lucia. Ein Schatten aus dem Jenseits, zurückgekommen, wie um Zeugnis abzulegen, doch auch er weigerte sich zu sprechen, kehrte nach Hause zurück und starb sehr schnell, hinweggerafft von den Erinnerungen.

Filippo heiratete dann dessen Witwe und zog dessen Sohn auf. Antonio, der letzte von Tommasos vier Brüdern, der Einzige, der nicht verhaftet worden war, wurde am 15. September 1959 von einem Block aus Eisenerz erschlagen, tief unten in der Mine von Audun-le-Tiche.

Die beiden großen Mannsbilder, einst bei Kneipenschlägereien gefürchtet – sind sie auch so mager –, jetzt politische Gefangene. Welcher Stern, in welcher Farbe. Rot? Wem sind sie im Lager begegnet, wer hat sie sterben sehen, wer könnte ihre Geschichte erzählen, von ihren letzten Tagen, den zwei letzten Jahren, ein großes schwarzes Loch, was haben sie getan, gesagt, gedacht. Die vierzehn Bergleute von Audun-le-Tiche wurden am 3. Februar 1944 verhaftet, und er, er wäre beinahe nicht wiedergekommen, und dann die vier Kinder …, alles ganz anders, nicht dieser große verhängnisvolle Felsblock, der sich in ihre Geschichte gerammt hat.

Aber ihre Augen haben sich geschlossen und sie wurden zu Helden.

Was ihre Augen gesehen haben, nimmt ein jeder von ihnen mit sich, eingeschrieben in sein Denken wie in ein dünnes Tuch. Ihre Nachkommen tragen schwer an der Last dieses Ruhmes.

Eine Reise

Sie waren zu Fuß über die Alpen gekommen. Nach einem kurzen Halt in Annecy zogen sie weiter Richtung Norden. Anfangs hatte man die ersten Ankömmlinge vor Ort durch die Gesellschaften zur Anwerbung von Arbeitskräften eingegliedert, die offizielle Netzwerke für Einwanderer gegründet hatten. In Italien gab es eine richtige Anwerbewelle. Die ausgehungerten Bauern unterzeichneten einen Stapel Papiere, man streckte ihnen knapp das Geld für die Reise vor, und sie brachen auf. Sehr bald wurden Züge angemietet, direkt Richtung Werk. Samstag angekommen, Montag am Hochofen. Ganze Dörfer zogen um, von einer Ortschaft zur anderen: Immer dieselben kleinen italienischen Gemeinden lieferten den Hauptanteil an Auswanderern für eine Kommune des Pays-Haut, jeweils um dasselbe Werk herum. Für Micheville waren die Hauptlieferanten Gubbio, Gualdo Tadino und Fabbriano. Dann kam Mussolini, er meinte, es sei eines so großen Volkes nicht würdig, die Heimat zu verlassen, um seine Arbeitskraft im Ausland zu verkaufen. Er verbot die Emigration und stellte den Rückkehrern sogar Prämien in Aussicht. Der Erfolg war begrenzt, aber immerhin. Diejenigen, die blieben, wussten wenigstens, woran sie sich zu halten hatten und dass sie nicht bereit waren, wieder einen Fuß in ihre Heimatregion zu setzen. Sie gingen fort und starben in den Abgründen der deutschen Konzentrationslager, ohne das grüne Herz Italiens wiedergesehen zu haben. Mögen sie nur vom Tod des Duce durch den Strang erfahren haben.

Micheville

Vom Küchenfenster aus sah man auf das kleine Tal, von der Alzette in das Hochplateau gegraben, bevor sie durch Luxemburg fließt, um in die Mosel und schließlich in den Rhein zu münden. Mehrere Farbschichten überlagern sich. Zuerst, im tief gelegenen Teil, direkt unterhalb des Hauses, die Monotonie der ehemaligen Bergarbeitersiedlungen. Trotz des frischen Pastellanstrichs immer noch grau. Weiter links einige Gebäude jüngeren Datums, und in der Mitte große, von Gärten umsäumte Häuser: einst die Häuser der Vorarbeiter, inzwischen von den neuen Grenzbewohnern aufgekauft. Ihre Väter überquerten die Grenze unterirdisch, in den labyrinthischen Schächten der ARBED, ohne je genau zu wissen, welches Land oder welches Dorf gerade über ihren Köpfen lag. Die meisten von ihnen sind jetzt Bankangestellte in Luxemburg. Jeder tut ein wenig verschwörerisch, empfiehlt ein paar Geldanlagen und brüstet sich damit, der Gier des Fiskus zu entkommen. Die Häuser, einst im Besitz des patriarchalisch geführten Unternehmens, sind alle verkauft worden, als die Schwerindustrie zum Erliegen kam und eine Mine nach der anderen geschlossen wurde.

Weit hinten, eine riesige Mauer, durchlöchert wie bei Höhlenwohnungen, die in das Flussbett hineinragt. Darauf ruhte eine Brücke. Wie bei der Brücke von Billancourt war hier der Eingang zum Werk, der Eingang von Micheville. Jeden Morgen vier- bis fünftausend Arbeiter. An der Stelle jetzt eine riesige Lichtung, voller junger Sträucher und durchzogen von einem Rundweg, auf dem die pensionierten Stahlarbeiter sonntags spazieren gehen. Noch weiter hinten seltsame Reliefs des Tagebaus der ehemaligen Mine. Dort thront ein lächerlicher Förderturm, Kulisse eines nicht ganz natürlichen Theaters. Die Tagebauarbeiter – schlechter bezahlt als diejenigen unter Tage – hatten dort ein ganzes Jahrhundert lang gearbeitet, dann hatten sie sich leise davongemacht. Unter den Teppich gekehrt, die alte Rivalität zwischen Bergleuten und Hüttenarbeitern, fest unter Verschluss gehalten von der Geschichte.

Entsorgt, der Stolz der einen, die härteste und bestbezahlte Arbeit zu leisten, ein Lohn, um den man sie beneidete, aber für den die anderen nicht aufs Tageslicht verzichten wollten. Geschichten, all das, Staubkörner der Geschichte. Für sie war der Stahl das Licht oder das schmelzende Eisen, die Goldfarbe im tiefen Dunkel der Werke, sein grelles Licht auf den schweißglänzenden Gesichtern. Wenn sie den Bauch des Hochofens öffneten, schoss das Metall hervor, dann, von den Männern durch die Rinnen gelenkt, nahmen die Schienen langsam Form an und waren das Versprechen zukünftiger Eroberungen, phantastische Monumente, die das Heldentum der Stahlarbeiter in die Welt hinaustragen sollten. Sie, die niemals in Paris gewesen waren, wirbelten umher, Schmetterlinge im Spinnennetz des Eiffelturms, ein kleines Stück Stahl aus Lothringen, das die Hauptstadt erstrahlen ließ. Dachten, sie hätten so auch ein wenig Anteil daran.

Und wer wird davon sprechen, dass eines Tages ein Mann, ein Arbeiter natürlich, ausrutschte, von einem Steg mitten ins schmelzende Metall hinabstürzte. Seine Kameraden wollten, nein, retten konnten sie ihn natürlich nicht mehr, er war ja gestürzt, verstehen Sie, wie man ins Wasser stürzt, er ist vom rotglühenden Metall verschluckt worden, zweitausend Grad Celsius, sie wollten etwas von ihm bewahren, für seine Frau natürlich, aber nichts wurde von ihm zurückgegeben, nichts von dem, was einmal ein Mensch gewesen war, deshalb nahmen sie einfach ein Stück der Schiene und schenkten es der Ehefrau. Und sie legte es in den Sarg. Ein Stück Schiene für ein Kenotaph. Bei dem Mann ging es nicht mehr um Fleisch oder Knochen, sondern einzig um verstreute Atome im Erz, einige Atome Leben, in einer Schiene erstarrt. Ein Mann, aufgezehrt, nicht nur bis auf seine Knochen, nicht nur bis auf seine Asche, sondern bis auf ein Stück Stahl, in dem er sich aufgelöst hat. Einige verstreute organische Moleküle. Den Steinen Ehre erweisen.

Bei den Bergleuten spuckte die Erde wenigstens immer irgendetwas wieder aus, nachdem sie sich satt gefressen hatte, und einen toten Kameraden ließ man nicht ohne Sarg zurück. Auch bei den Kumpeln irren die Toten ohne Grabstätte ruhelos umher und warten auf die Erlaubnis der Kameraden, um das andere Ufer zu erreichen. Deshalb kommt es vor, dass einige zum Leichenbestatter werden, um einen der ihren zu beerdigen, und sie alle zusammen den schwarzen Sarg ohne Kreuz tragen.

Sie steigen jeden Morgen hinab, ziehen los, das heilige Feuer zu stehlen, begleitet von der Solidarität der Kameraden und der Todesangst im Bauch. Bei ihnen gibt es keine Kollegen, nur Kameraden. Sie machen sich über die Stahlarbeiter lustig, die egoistischer sind, schon Individualisten. Die ewige Rivalität kommt wieder durch. Auf dem Ball samstagabends gibt es den Clan der Bergleute, Großmäuler, Vabanque-Spieler, beneidet und bewundert, bereit, an einem Abend einen halben Monatslohn auf den Kopf zu hauen – als üppig bekannt, der Lohn eines Bergmanns, in den Fünfziger Jahren. Risikoberuf, Gefahrenzulage, Leistungszulage. Akkordlohn, pro Tonne abgetragenes Eisenerz. Später, dank der Arbeitskämpfe, gerechtere Löhne. Überall 3-Schichtbetrieb, in monatlichem Wechsel, jeweils am 16. wird das Leben ein anderes. In den Wohnsiedlungen werden die Kinder nachmittags ausgeschimpft: »Zitti! Dein Vater hat Nachtschicht, seid leise!« Um fünf Uhr aufstehen, um sechs Uhr anfangen.

Frühstück ohne Väter, die lautlos aufgebrochen sind wie Geister, um die Suppe für den Abend zu verdienen.

In den Augen der Kinder eine geheime, rätselhafte, ruhmreiche Tätigkeit, die die Menschheit teilt in jene, die mit der Welt, mit der Sonne aufstehen, und jene, die vor Morgengrauen aufbrechen, große Lenker im Verborgenen.

École nationale d'administration

Dein Hund geht uns auf die Nerven mit seinem ständigen Gebell, er kann nicht eine Sekunde lang still sein, binde ihn wenigstens im Garten an, wenn du uns einlädst, hier ist die Polenta, gieß sie auf das Brett, los, noch mehr Soße, danach probieren wir meinen *Schnaps*, den habe ich selbst gemacht, den Hasen da, den habe ich extra für eine besondere Gelegenheit aufbewahrt, wie geht es Poli Rueff, geht so, er ist auf dem Weg der Besserung, spricht nicht mehr sehr gut, wegen der Operation, aber es geht, du, was willst du später mal machen, in zwei Monaten kommt er wieder zur Arbeit, aber er wird nicht mehr in die Mine einfahren können, na ja, wir finden schon etwas anderes für ihn, was war denn letzte Woche im Parteirat los, ihr habt euch angeschrien, ach nichts, wegen Cattenom, es gibt viele Demos, die Deutschen, sie wollen kein Kernkraftwerk, zu nah an der Grenze, im Parteirat haben sie sich nicht klar geäußert, offenbar bist du gut in der Schule, das gefällt mir, weiter so, die Tochter von Morandini hat an einer Grande École studiert, jetzt ist sie in Paris, sie studiert in Paris, ich glaube, sie wird Lehrerin, für Geschichte, sie ist an der Sorbonne, ja, aber sie wird keine Lehrerin, dafür ist sie nicht gemacht, angeblich ist die Tochter von Kieffer mit dem Mathelehrer aus dem Collège in die Ferien gefahren, aber die haben wohl nichts anderes zu tun, was willst du, und deine Französischlehrerin, warum ist sie nicht verheiratet, sie ist nett, sie weiß wenigstens, wie das ist, sie hat uns keine Predigt gehalten, als sie in die Mine gekommen ist, sie ist gut, die ENA, ja, das ist gut, die ENA, das ist gut, der Unterpräfekt, der uns mit der Umgehungsstraße von Audun auf die Nerven geht, er war auf der ENA, er hat keine Ahnung davon, du wirst Unterpräfektin, aber wie macht man das, so eine Aufnahmeprüfung, weißt du, die Aufnahmeprüfungen, Tore, hör auf, du hast davon keine Ahnung, was weißt du schon von Schule, du hast nur einen Volksschulabschluss, ich bin sechzig Jahre alt (ein schielendes Auge, kahler Schädel, tiefe Falten auf der Stirn und riesige Hände, Bärentatzen, Jäger, Wilderer), ich kenne die schon lange, die Typen, oh ja, das sage ich dir, mein liebes Mädchen, beug dich nicht so zu mir herüber, du machst mir Angst, wenn sie dich kommen sehen, wissen sie schon Bescheid, ja, sie wissen, wo du herkommst, wer dein Vater war, sie wissen das, deinen Vater, den kenne ich, seit er so klein ist, er war gut in der Schule, na ja, du weißt ja, was sie mit ihm gemacht haben, nein, er wollte nicht, er hätte Steiger werden können, aber sie wussten, wer wir waren, und Leute wie uns wollen sie nicht, verstehst du, Leute wie wir, sie wissen, wir sind nicht auf ihrer Seite, dein Vater, er hat es ihnen gesagt, der Typ von der École des mines dachte, er würde ihn belehren können, sie fahren in die Mine hinab, sie glauben uns belehren zu können, sie sagen uns, so muss man das machen, und beim letzten Mal haben sie die zulässige Fördermenge erhöht, von sechsunddreißig auf vierundfünfzig, verstehst du das, früher musste man ab sechsunddreißig aus dem Stollen raus, jetzt ab vierundfünfzig, also siehst du, wenn du zu ihnen kommst, stellen sie dir Fragen, und sie haben bereits entschieden, sie wollen dich nicht, nichts von dir, verstehst du, weil wir nicht so sind wie sie, und das wissen sie, sie wissen, wir sind nicht so wie sie, aber warum sagst du das, sie wissen, wir sind nicht so wie sie, du wirst sehen, weil es wahr ist, wir sind nicht wie sie, aber wenn wir arbeiten ja, ich glaube, wir können das schaffen, dein Vater, er hat ihnen gesagt, er sei Kommunist, einfach so, er hat es ihnen gesagt, er würde nicht auf die andere Seite wechseln, warte, ich sage nicht, dass du es nicht schaffen kannst, ja, wir können das schaffen, aber das würde bedeuten, was würde das bedeuten, das würde bedeuten, dass wir so geworden sind wie sie, weißt du, das würde bedeuten, dass wir verzichtet haben, dass sie gewonnen haben, verstehst du, wenn wir es schaffen, sind wieder sie es, die gewinnen, sind wieder sie es, die gewonnen haben, wir sind so geworden wie sie, siehst du, weil uns, Leute wie uns wollen sie nicht.

Kommunistische Partei Frankreichs
2, place du Colonel Fabien
75940 Paris CEDEX 19

INTEL. JG/NT

Paris, 15. Juli 1976

An die Parteiverbände der Départements

Betreff: Atomkraftwerke

Liebe Genossen,

die E.D.F. nimmt die Fortführung des Atomprogramms der Regierung zum Anlass, Standorte für neue Kernkraftwerke zu suchen, Gutachten zur Feststellung des öffentlichen Interesses vorzulegen, mit dem Bau neuer Kernkraftwerke zu beginnen und natürlich die bereits begonnenen Arbeiten voranzutreiben.

Dies kann einige unserer Abgeordneten in den Kommunen, Départements und Regionen dazu anhalten, im Rahmen ihres Mandats hierzu Position zu beziehen, und selbstverständlich auch unsere Parteigremien motivieren, ihre Meinung zu äußern.

Es ist in dieser Angelegenheit von größter Wichtigkeit, dass unsere Gremien bei jeder passenden Gelegenheit die Position der Partei unverzüglich und unmissverständlich darlegen, welche wesentlich auf politischen Gründen basiert, die sich aus den Bedingungen ergeben, unter denen dieses Programm aufgestellt wurde. Wobei die Einzelaspekte, die der Umweltverträglichkeit, die der lokalen Gegebenheiten etc. aus diesen Bedingungen erwachsen.

Wir möchten euch gerne daran erinnern, dass wir zu Beginn des aktuellen und jetzt verlängerten Programms unsere Einschätzung bereits dargelegt und alternative Vorschläge formuliert haben. Es liegen zu dieser Thematik drei Schriftstücke vor, die ihr diesbezüglich mit Gewinn zu Rate ziehen könnt:

1. - Die Pressekonferenz der Partei vom 10. Oktober 1974: »Welche Atompolitik für Frankreich«,

2. - Die durch das Zentralkomitee an alle

Parteiverbände des Départements versandte Mitteilung vom 5. Dezember 1974 zur Errichtung von Kernkraftwerken,

3. - Die Erklärung von Jacques Chambaz zum 30-jährigen Jubiläum des C.E.A., die die »l'Humanité« in Ausschnitten publiziert hat.

Darüber hinaus sind in der Zeitschrift »Communes d'aujourd'hui« zwei Artikel erschienen.

Seitdem bestätigt die gesamte Politik von Giscard d'Estaing unseren Kurs, dieses Programm abzulehnen und Nein zu sagen zu der mit ihm verbundenen Errichtung von Kernkraftwerken, ohne uns zu einem systematischen Widerstand gegen jedwede Produktion von Atomstrom verleiten zu lassen.

»In diesem Sinne versteht sich die Position der regionalen kommunistischen Delegierten, die sich gegen das Atomprogramm der Regierung aussprechen.«

Hier noch einmal unsere Vorschläge in Kürze:

1) - Die Entwicklung der atomaren Energie muss im Rahmen einer zunehmenden und ausgeglichenen Nutzung der Gesamtheit aller nationalen Ressourcen (Kohle, Wasserkraft, Gezeiten …) stattfinden, die es erlaubt, un-

sere nationale Unabhängigkeit zu sichern und zu stabilisieren. Wir lehnen sowohl ein »Alles-Atom« als auch ein »Alles-Öl« ab.

2) - Sie darf sich weder zugunsten der multinationalen Konzerne noch unter deren wissenschaftlicher und technischer Entscheidungsmacht vollziehen. Bei diesen Konzernen steht das Gewinnstreben im Widerspruch zum Sicherheitsstreben.

3) - Die Regierung hat dem C.E.A. sämtliche die Sicherheit der Betriebsanlagen sowie den Strahlenschutz betreffende Verantwortlichkeiten entzogen. Wir fordern, ihm diese erneut zuzusprechen, »um die Sicherheitsvoraussetzungen für die Arbeiter, die Bevölkerung und die Umwelt tatsächlich zu gewährleisten«.

4) - Die Errichtung von Kernkraftwerken muss sich in einen nationalen und lokalen Plan zur wirtschaftlichen, sozialen und kulturellen Entwicklung einfügen.

5) - Sie muss Gegenstand einer wirklich demokratischen Debatte in den betroffenen gewählten Gremien sein. Diese dürfen sich nicht darauf beschränken, eine bloße Meinung kundzutun.

Seitdem hat sich nur eine einzige Neuerung ergeben: Sie besteht in der Regierungsentscheidung, der E.D.F. die Erlaubnis zum Bau eines Kernkraftwerks neuen Typs zu erteilen, das nicht die US-amerikanische Technologie, sondern die des Schnellen Brüters verwendet (Schneller Reaktor vom Typ Phönix), die vom C.E.A. entwickelt wurde. Dieser Reaktortyp stellt zweifellos einen bedeutenden technischen Fortschritt dar, der unsere Energiepolitik langfristig verbessern und unsere Unabhängigkeit befördern kann. Doch auch hier hat die Regierung ihre Politik der Privatisierung und des staatlichen Rückzugs umgesetzt.

In Creys-Malville, dem Standort des industriellen Prototypen dieses Reaktors, wird nicht die E.D.F. die Bauleitung innehaben, sondern die N.E.R.S.A., eine italienisch-deutsch-französische Gesellschaft, in der die E.D.F. nur 51 Prozent der Aktien hält und damit nicht die Führungsmehrheit (grundsätzlich zwei Drittel) besitzt.

Gleichzeitig hat die Regierung die Gründung eines Unternehmensverbunds genehmigt, der dem C.E.A. die Verantwortung für die von ihm selbst ausgearbeiteten Studien und Techniken entzieht. Diese Gesellschaft, NOVATOME, umfasst den C.E.A. (30 Prozent), Creusot-Loire (40 Prozent) und die C.G.E. (30 Prozent).

Es hat also auf der Ebene der technischen Leitung einen Entzug von Verantwortlichkeiten bei dem C.E.A. und eine Übertragung auf eine kapitalistische Gruppe gegeben, gleichzeitig mit einer kostenlosen Übergabe aller wissenschaftlichen und technischen Arbeiten, die der C.E.A. bislang allein durchgeführt hatte (Frankreich, England und die UdSSR sind die einzigen Länder, die diesen Reaktortyp der Zukunft entwickelt haben. Die USA liegen zurück.)

Was schließlich die Konstruktion dieses Reaktortyps betrifft, so laufen geheime Verhandlungen zwischen monopolistischen Gruppen auf nationaler Ebene (insbesondere Empain und C.G.E.) und internationaler Ebene (besonders mit den Deutschen), um die Hauptakteure zu ermitteln.

Insgesamt finden wir bezüglich dieses neuen Reaktortyps all das wieder, was wir zuvor gesagt haben, das heißt die Ausschaltung des öffentlichen Sektors und die Vormachtstellung multinationaler Industriekonzerne und Finanzgruppen als neue Träger der durch staatlichen Rückzug preisgegebenen Kompetenzen.

Offensichtlich geht es nicht ein weiteres Mal darum, sich für oder gegen die Atomkraft oder eine ihrer Technologien auszusprechen, sondern zwischen zwei Arten von Politik zu entscheiden.

Was Bürgerinitiativen und Gesprächsrunden betrifft, zu denen die Partei möglicherweise eingeladen wird, denken wir, dass, wenn die Expertendiskussion ungeeignet erscheint, es in unserem Interesse liegt, die Initiativen nicht zu ignorieren und für jede konkrete Situation die Möglichkeiten zur Zusammenarbeit mit ihnen zu sondieren. Die Erfahrung zeigt, dass sich die politischen Bedingungen für die Entstehung einer Massenbewegung jedes Mal dann verbessern, wenn wir zu gegebener Zeit aktiv werden.

Für alle weiterführenden Informationen sowie für eventuelle Unterstützung stehen wir euch zur Verfügung und bitten euch, uns über mögliche Probleme und über eure Initiativen zu unterrichten.

Mit brüderlichem Gruß,

Gaston PLISSONNIER

Generalsekretär des Zentralkomitees

Das Debakel

Am Tag des deutschen Abzugs drängte sich die Menge auf den Gehsteigen der Grand-Rue in Esch-sur-Alzette und betrachtete die vorbeifahrenden Panzer. Vor dem Café, das die Großmutter betrieb, all die Pensionsgäste, Mieter, Restaurantbesucher. Eine zupackende Frau, die das Geschäft führte und sich ein kleines Vermögen aufgebaut hatte, indem sie für die isoliert lebenden Italiener Pasta zubereitete und dann, nach dem Kauf des Gebäudes, Zimmer an sie vermietete. Ihre drei Töchter gingen in die Kirche – eine Bankreihe war für die Familie reserviert. Der Notar, ein kleiner und pausbäckiger Mann mit gerötetem Gesicht, stadtbekannt für seinen Wohlstand, hatte ihr für die Erstkommunion der Enkelin sein Auto geliehen (einige Monate später führte er die aufblühende Dynastie in den Ruin und war danach wie vom Erdboden verschwunden).

Auf diesen Augenblick hatten sie gewartet. Der Abzug der Deutschen. Die *Boches* kehrten heim. Alle waren sie da, bis auf diejenigen, die ums Leben gekommen waren, als sie plötzlich hervorstürzte, um die Straße zu überqueren. Was hatte sie vor – wen wollte sie begrüßen – wen einholen. Ein deutscher Panzer kam näher, inmitten der langen Kolonne der Vorbeimarschierenden. Vorn auf der Karosserie saß ein junger Wehrmachtssoldat und bemerkte die Herannahende. Er schrie etwas, um sie zurückzudrängen, *Achtung*, aber sie hörte ihn nicht oder vielleicht hörte sie ihn zu spät, und der Panzerfahrer, vielleicht sah er sie und weigerte sich, die Richtung zu ändern, abzubremsen, um ihr auszuweichen, oder sie überquerte die Straße in einem toten Winkel, für ihn unsichtbar – was kann man vom Innern eines Panzers aus sehen. Die ganze Familie, ihre Enkelin Lina, ihr Mann, die Gäste, dicht zusammengedrängt vor der Außentreppe des roten Backsteinhauses, allesamt in einer Schrecksekunde erstarrt, in der Gewissheit des Schlimmsten. Der deutsche Soldat, noch jung, sieht plötzlich in seinem Kopf die Menge in sich zusammenstürzen. Er allein, hier, ganz nah, kann sich ein Herz nehmen, um es zu verhindern, allein vor diesem *Untermensch*, nach so vielen anderen, warum sollte er sie retten, gerade sie, warum auf einmal ein seltsames Aufblitzen von Größe oder Verzweiflung. Er warf sich auf sie, um sie auf die andere Straßenseite zu stoßen. Alle beide gerieten sie unter die Panzerketten, gemeinsam, vor den Augen der versammelten Familie. Er warf sich auf sie, um sie zu retten, die alte Frau. Was ging ihm dabei durch den Sinn, vielleicht, dass es schon zu viele Tote gegeben hatte, zu viele Massaker, um nicht wenigstens zu versuchen, diesen einen Tod zu verhindern. Um sich so einen Platz in der Walhalla zu erkaufen, ein Leben gegen tausend andere, eine Rettung gegen all die sinnlosen Tode. Bleibt zu hoffen, dass es aus Abscheu geschehen ist, aus Abscheu vor der

Sache, für die er gekämpft hatte. Sie mit Anstand zu Ende bringen, dieses eine Mal, gleich einem Ritter, endlich, nach all diesen tagtäglichen Barbareien zum Klang der Walküre. Oder bloß ein Reflex für eine Frau, die er vielleicht für eine Deutsche hielt, für eine Luxemburgerin. Alle beide starben sie an diesem Nachmittag auf dem stumpfsinnigen Pflaster, die letzten Opfer des deutschen Debakels an diesem Ort, etwas beschämende Tode, für die Familie der einen und für die Familie des andern, diese letzte Umarmung … Aber wie der Zufall manchmal will.

Angelo

Natürlich geht es nicht um eine berufliche Tätigkeit, bei den Frauen, nein. Man wird noch einige Jahre warten müssen. Paris sorgt seit Kriegsende für ihre Gleichstellung. Da unten hingegen ist alles hermetisch abgeriegelt, die Hüttenwerksbesitzer formieren sich. Alles an seinem Platz. Parmenides, der alte Paternalist. Hauswirtschaftsschule bis zum vierzehnten Lebensjahr, Kommunion im weißen Kleid, besticktes Taschentuch, Geschenk des Direktors. Alles hat seine Ordnung. Der Pfarrer wacht, am Sonntag, die Männer erholen sich von der Woche und vom Rausch der vergangenen Nacht. Der Alte im schwarzen Messgewand lässt keine Gelegenheit aus, die Unverbesserlichen daran zu erinnern, dass die Gutsituierten im Recht seien. Den Armen das Himmelreich, den anderen dafür jenes auf Erden. Alle Rechte. Der Tag, an dem sein Ball – größter Fußballerstolz, Piantoni im Pantheon, Platini in kurzen Hosen in Jœuf – sein Ball auf der Straße vor den Wohnsiedlungen, zack, Juberts Gattin genau aufs Hinterteil. Jubert, der alte Bürgermeister von damals, vor dem Wahlrecht der Itaker, der Knoblauch fressenden Bolschewiki, alter Bürgermeister der Rechten, eines Tages von der roten Bande verjagt.

Der Ball gegen das Hinterteil der Dame, eine deftige Ohrfeige ins Gesicht des Jungen, wie war das gleich, Miretti, Siretti … die Kommunistenwaise. Eine deftige Ohrfeige, bis er sich entschuldigt, für seinen Ball, für seinen Vater, für seine graue, gutgeschnittene Itakerchen-Hose. Makkaroni. Er entschuldigt sich nicht. Pfarrer, Predigt, Erziehung, Kommunion, Exkommunikation, er hat mich beleidigt, die Mutter, er hat ihn beleidigt, die andere Wange hinhalten, er hat mich beleidigt, dich entschuldigen, dich entschuldigen, dich entschuldigen, der Bürgermeister, der Bürgermeister, Monsieur, Madame, kleiner dreckiger Roter, ihm beibringen, vaffanculo, eines Tages, eines Tages, dein Vater, mein Vater, eines Tages, mein Vater.

Vierzehn Jahre alt. Die Lehrer möchten, dass er weiter zur Schule geht, aber was soll er werden, Ingenieur, auf die andere Seite wechseln, zu den Unterdrückern, die die Arbeiter nicht ausstehen können. Keine andere Wahl. Keine Arbeitskraft verschwenden. Kein Journalist, Anwalt, Schreiberling, der die gemeinsame Sache verteidigt, sondern einfach nur auf die Seite der Bosse wechseln oder aber hundert Fuß tief unter der Erde begraben werden. Beste Arbeiter auf die École des mines geschickt. Aufstieg Verrat, Erfolg Verleugnung. Der große Bruno, in Moyeuvre, ein Teufelskerl von einem Kommunisten, vier Kinder, bis zur Beförderung zum Steiger ging er nie in die Kirche, der Lohn, verstehst du, den Männern Befehle erteilen, bis sie ihm vorgeschlagen haben, Steiger zu werden, vier Kinder, auch seine Klappe halten, jetzt ist er der Chef, das verändert alles, keine Wahl, vier Blagen, es scheint, als ginge er jetzt hin, sonntags, so ist das, sonst ein guter Kerl, hatte keine Wahl, vier Gören und seine Mutter.

Volksschulabschluss, Glückwunsch. Vierzehn Jahre alt, mit allen anderen, erste Einfahrt ins Loch, wo der Vater zum letzten Mal frei gewesen war. Das Handwerk lernen, zwei Jahre lang Lehrling, auf die Ratschläge der Alten hören, sind wertvoll und wohlwollend. Lernen zu überleben. Mit einer langen Stange die Stabilität der Wand prüfen, wenn nötig, einige Gesteinsblöcke fortschaffen. Lernen, auf die Mine zu hören. Auf die herabrinnenden Tropfen an der Wand, denn dort unten ist das Wasser der ständige Feind. Auf das Pfahlholz hören – die Stützbalken. Tannenholz, das erst lange knackt und reißt, bevor es nachgibt – lässt den Männern Zeit, durch die feuchten Stollen das Weite zu suchen –, die Eiche, stabiler, zerbricht mit einem Schlag, ohne Vorwarnung, zu spät.

Die Hände bekommen Schwielen, sie werden breiter. In Forbach, im Kohlerevier, weiter östlich, in den Kohlebergwerken des Nordens, lagert sich die Kohle in den Rissen an den Händen ein, und wenn die Wunde sich schließt, bleibt unter der Haut eine schwarze Spur zurück, eine Tätowierung des Handwerks. Die Mine in die Haut eingelassen, ein Spinnennetz aus Hautgewebe. Tressange, die Eisenbergwerke, die Füße immerzu feucht in den großen grünen Stiefeln, von Rissen übersät, jeden Abend desinfiziert, vom Jod rot gefärbt und am Morgen mit Talk eingepudert. Die Behaarung an den Itaker-, Polacken-, Ukrainer-Waden, nach und nach verschwunden durch das Scheuern des Stoffes, der in die Gummistiefel gestopft wird. In den Lungen bilden sich Ablagerungen. Das Erz, feiner Staub, dringt in die rosafarbenen, durchbluteten Lungenbläschen, färbt sie schwarz, das ist keine Silikose, sondern die Siderose, die Eisenkrankheit. Sidêros, das Eisen, der Stahl. Man fängt an zu husten und zu spucken, und eines Tages hat man eine Bronchitis, die nicht mehr weggehen will, das ist keine Bronchitis, sondern Krebs. Der Kleine mit den schwachen Lungen, so jung schon eine Lungenentzündung, hätte nicht Bergmann werden dürfen, seine Mutter wollte das auch nicht, wissen Sie, aber dickköpfig war er, sein Vater, verstehen Sie, nichts zu machen, mit vierzehn Jahren, wollte einfahren, und seine Mutter weinte, aber er war unnachgiebig, direkt ins Gesicht der Volksschullehrer und der de Wendel, die aus dem Unkraut einen gelehrigen, gefügigen Angestellten machen wollten, denn der Lohn …, und dann schafft Ihnen das Studium eine Barriere, sofort, und nachher sind es die anderen, diejenigen, die geblieben sind, die Arbeiter, die nichts mehr von Ihnen wissen wollen, die Sie nicht mehr als einen der ihren anerkennen. Sie haben nicht mehr dieselben Interessen, verstehen Sie. Also hat er Nein gesagt, er wollte da nicht hin, zur École des mines in Nancy, und so ist er eingefahren, als Bergmann. Bohrer. Tief unten im Stollen, die hinterste Wand einreißen, um weiter vorzustoßen. Löcher ins Gestein bohren, sie gleichmäßig aushöhlen wie ein Schachbrett. Und dann in jedes Loch eine exakt dosierte Sprengladung platzieren; die Ladungen explodieren nacheinander, die Wand bricht in sich zusammen, fast ohne umherfliegendes Gestein. Anschließend abräumen. Und woanders von vorn beginnen.

Sehr schnell das Parteibuch der Kommunistischen Partei beantragt. Mit sechzehn. Die Versammlungen der Bergleute, Arbeitsbedingungen verbessern. In der Mine ist ein einzelner Mann schnell am Ende. CGT. Bestrafung, Repression, allein in die weit entfernten Stollen geschickt, acht Stunden Arbeit, ohne jemanden zu sehen, um neue Eisenflöze zu finden. Strafe wegen Ungehorsams. Solidarität. In der Mine, sagen sie, ist ein einzelner Mann ein toter Mann. Endlose Leier, unermüdlich wiederholt, aber dieses Mal ist es nicht die Stilfigur der metaphorischen Übertreibung, ich bin vor Angst gestorben vor Lachen gestorben, wenn du das machst, bist du tot. In der Mine ist ein einzelner Mann ein toter Mann, tot, in der Stille, unter Steinen erstickt, in der Stille vom Geröll begraben, in der Stille einfach ertrunken, den Kopf von einem Gesteinsbrocken in eine winzige Pfütze gedrückt, wie beim Kumpel Guido, neunzehn Jahre.

Die Kinder schlingen ihr Frühstück ohne ihn herunter, sein Geruch im Haus, der Geruch seiner Abwesenheit und dann seine Arbeit, die überall ist, *deus absconditus*, da, unter der Erde, wissen nie genau wo, aber niemals weit weg, das ist sicher, kilometerlange Stollen unter ihren Füßen, unsichtbar, vielleicht dort. Und nach der Schule wartet er auf sie, munter, wie nach einer Reise, im Sessel sitzend, drei oder vier Zeitungen vor sich. Abends zieht er seine Schuhe aus, der Anblick seiner glatten Waden an den behaarten

Beinen ganz und gar rätselhaft. Papa arbeitet hart, steht da geschrieben, aber wie kann das die Haare ausreißen und Schrunden zwischen die Zehen graben – die Stiefel. Das war sie, die Mine: seine vom Jod rot gefärbten Füße, seine großen schrundigen Hände und seine haarlosen Beine.

Erst später, mit fünfundvierzig Jahren, wird er anfangen zu spucken, so wie die anderen, die alten Bergleute mit den aufgedunsenen Gesichtern, zerfurcht wie Äpfel, Kautabak im Mund, schwarze Augen und der Itaker-Akzent, der sich in den Tiefen einer gebrochenen Stimme verliert. Sie nannten ihn Angelo, noch nicht Sindaco, das wird später kommen, dann, wenn eine spöttische Betonung ausreicht, ihn daran zu erinnern, dass er dank ihnen auf diesem Posten war und sie sich von ihm nicht für dumm verkaufen lassen, bloß wegen seiner Titel. Angelo, nur die Italiener konnten seinen Namen richtig aussprechen, sie legten das ganze Gewicht der Betonung auf die erste Silbe, ließen sie weit offen, diese Anfangsbetonung, auf die Gefahr hin zu übertreiben. Angelo. Die Grabrede für ihn, die der Bürgermeister von Gualdo hielt, der Stadt des Vaters, jetzt Partnerstadt von Audun, der Bürgermeister von Gualdo, Angelo, diese drei Silben in seiner Grabrede, Angelo. Die ganze Rede auf Italienisch, an einem sonnigen Septembertag, im Rhythmus von drei ständig wiederholten Silben wie in einer Litanei, das brachte die alten Itaker zum Weinen, die es verstanden, und sogar die Franzosen, die nicht alles verstanden. Unmöglich, sich einen anderen Abschied vorzustellen. Es war kein Abschied. Es war nicht der italienische Bürgermeister, der da sprach, hätte man meinen können, sondern sein Vater, die Stimme seines Vaters, zurückgekehrt nach fünfzig Jahren, die ihn rief, die ihn endlich holen kam. Angelo, filio mio, quanto mi hai mancato! Son fiero di te, sai, di tutto quel che hai fatto. Adesso, vieni col babbo, che ti aspetto da tanti anni …

Gemeinderatsmitglied mit siebenundzwanzig – der alte Jubert abgesetzt – dann, zehn Jahre später, Minenbeauftragter. Er verbringt seine Tage damit, alle Stollen zu besichtigen, die Kumpel zu treffen, die Einhaltung der Sicherheitsbestimmungen zu kontrollieren, dann mit den Bossen zu verhandeln. Er zieht durch die Gräben, vermisst die Stollen. Der Bann ist gebrochen, dank der Stimmen der Kameraden.

Reisen, die osteuropäischen Staaten, und eines Tages in der DDR die Fassungslosigkeit angesichts des deutschen Militärs, albtraumhafte Wiederkehr, zwanzig Jahre zuvor, der Krieg, und das Gebell in den Ohren des kleinen Jungen. Auf dem Rückweg Besuch in Bergen-Belsen, einige Fotos vom Mahnmal als Erinnerung. Sein Vater war dort ans Kreuz geschlagen worden, wie lange, aber noch war er nicht tot, da kam der Typhus.

Arbeitsgesetzbuch

Artikel L. 712-1
Es werden Delegierte für die Sicherheit der Bergarbeiter eingesetzt, um die Arbeit unter Tage in den Minen oder Steinbrüchen mit dem Ziel zu besichtigen, einerseits die Bedingungen für die Sicherheit und die Hygiene der dort beschäftigten Belegschaft zu überprüfen und andererseits bei einem Unfall die Begleitumstände zu ermitteln, unter denen sich dieser ereignet hat.

Diese Delegierten haben außerdem die Aufgabe, entsprechend der auf dem Verordnungswege festgelegten Form, Verstöße gegen die Vorschriften zu Kinder- und Frauenarbeit, zur wöchentlichen Arbeits- und Ruhezeit zu melden, soweit sie diese bei ihrer Besichtigung festgestellt haben.

Artikel L. 712-9
Wenn es möglich ist, die Wähler für die Arbeiterdelegiertenwahl aus drei benachbarten

Wahlbezirken, die den Abbau desselben Rohstoffs betreffen, zu einer Wählerschaft zusammenzufassen, werden die Delegierten der Bergleute unter Tage und ihre Stellvertreter mit Wahllisten in 2 Wahlgängen nach dem Verhältniswahlrecht gewählt, gemäß der in den nachstehenden Artikeln dargelegten Regelungen.

Ohne Papiere

Im September 1939 wurden die Einwohner von Audun-le-Tiche nach Loudon im Département Vienne evakuiert, um den Deutschen zu entkommen. Einige weigerten sich zu gehen, andere konnten es nicht. Zahlreiche Minenarbeiter wurden nach Montceau-les-Mines geschickt, um ihre Arbeit fortzusetzen. Viele von ihnen kamen dort um, Opfer der Bombardierungen, unter anderem der italienischen Luftwaffe. Nach dem Debakel der französischen Armee begann mit der Annexion der Départements Mosel und Elsass das große Hin und Her von neuem, sie wurden zu deutschen Gebieten erklärt, zu Territorien des Großdeutschen Reiches, und diejenigen, die dort geboren waren, wurden zur Zwangsrekrutierung verdammt, in die Wehrmacht oder gar in die Waffen-SS gesteckt. Um sie in den Griff zu bekommen, schickte man sie manchmal an die russische Front, wo viele verschollen sind. Einige entkamen, desertierten oder flüchteten, bevor sie eingezogen werden konnten. Und die, falls sie zufällig irgendwo in Frankreich wieder aufgetaucht sein sollten …

Es war am Vorabend von Oradour-sur-Glane, am 9. Juni

1944, in Tulle. Er war keine zwanzig Jahre alt und hatte sich der Zwangsrekrutierung durch die feindliche Armee entzogen. Er wurde gehängt, neben neunundneunzig anderen.

Aus Italien

Allein die französische Arbeiterklasse hielt dem erniedrigten Vaterland in ihrem Innern die Treue.
François Mauriac

Der Vater ist nie aus den Lagern zurückgekommen, und die vier Kinder, die vier verbliebenen Kinder, wurden seither von ihrer Mutter aufgezogen.

Während der Bombardements nahm sie einen Schinken und das granatrote Plumeau vom großen Bett mit sich. Die drei Kleinen legten sich darauf und stopften sich die Ohren zu.

In den Siedlungen der Minenarbeiter war die Heizung kostenlos, es gab Kohlelieferungen für den Ofen, und hinten im Garten, Tiere – Hühnerhof, Kaninchenställe, Gemüsebeete. Einmal im Jahr bereitete man für das Siedlungsfest der Partei ein geschlachtetes Schwein als Spanferkel zu.

Sonntag ist Gnocchi-Tag. Als Erstes die Kartoffeln in einem metallenen Kochtopf sieden. Sie mit der Gabel zerdrücken und Mehl hinzugeben. Die durchgeknetete Teigkugel in lange Rollen schneiden und mit Mehl bestäuben. Dann in unzählige kleine Kugeln zerteilen. Einzeln mit dem Zeigefinger rollen, um eine Mulde für die Tomatensoße zu formen. Daneben köchelt die Soße, Rind, Kalb, Schwein. Reichenessen, Sonntagsessen. Die Soße wird durch das mindestens zweistündige Köcheln sämig, der Duft erfüllt die Küche und das ganze Haus. Nach einer wilden Jagd quer durch die Siedlung wieder zu Hause angekommen, der unverwechselbare Duft, in den Keller hinunterlaufen, um den Parmesanlaib zu holen. Eine Scheibe so zum Naschen, ohne Brot, vor dem Essen, natürlich unbemerkt von der Mutter. Kurz bevor sich alle an den Tisch setzen. Überall Gnocchi in der Küche mit den beschlagenen Fensterscheiben. Von dem riesigen Holzbrett auf alle im Haus auffindbaren Teller verteilen, bevor man sie ins kochende Wasser gibt. Ein Teller nach dem anderen, so dass sie nicht aneinanderkleben. Nach einer Minute steigen die Ersten an die Oberfläche, bereits gar, schnell mit einem Schaumlöffel herausholen und in die Schüssel legen. Eine Schicht Gnocchi, eine Schicht Soße, eine Schicht Parmesan und so fort, bis zum nächsten Sonntag.

Hasebrot

Wenn die Matrosensöhne auf die Rückkehr des Schiffes warten, können sie sich ans Gestade stellen und auf das Meer hinausschauen. Für die Bergarbeiterkinder ist der Vater irgendwo dort unten, vielleicht unter ihren Füßen, in ungefähr achthundert Metern Tiefe. Wohin man auch schaut, ist Erde, und unter der Erde das Geflecht der Stollen. Die Mine als magischer Horizont. Ist er da, unter diesem Waldstück oder doch eher unter dem stählernen, ganz in der Nähe der Abraumhalde aufgestellten Kruzifix, am Ende des Waldes, neben der Nekropole. Auch diese haben die Minenarbeiter entdeckt, als sie mithilfe von Joy und Jumbo den Hügel aushöhlten, den Minengeräten, die manchmal eingesetzt wurden, um Wege durch den Wald zu bahnen. Ungefähr zwanzig Gräber. Aus der Merowingerzeit. Als es die ersten kleinen Gießereien gab, in denen Werkzeuge hergestellt wurden. Die Kinder rennen um die Gitter herum, die die Gräber schützen, und sausen schreiend die Böschung hinunter. Die ganze Strecke entlang hat die Minenleitung einen Kreuzweg errichtet, zwischen den Bäumen hindurch bis zu einem stählernen Kreuz, einem unwahrscheinlichen, riesenhaften grauen Kruzifix, in den

Waldboden gerammt. In Crusnes, fünf Kilometer entfernt, besteht die ganze Kirche aus Eisen, die ihre Strebepfeiler, mitten in den Siedlungen der Arbeiter, elendig vor sich hinrosten lässt.

Das ganze Glück der Kinder ist das *Hasebrot*, das sie nach der Rückkehr des Vaters aus der Mine in seinen Taschen finden, wenn er in bleiernen Schlaf gefallen ist und sie die aus der Tiefe mitgebrachten Klumpen erforschen können. Anstelle von Gold bringt der Vater einen gelblichen Brotkanten mit an die Oberfläche, hart wie Eisen, voll mit Staub aus der Tiefe. In der Mine von Aubrives waren 1961 die streikenden Minenarbeiter zwanzig Tage lang im Stollen geblieben, um die Leitung zum Einlenken zu bewegen. Die Frauen auf dem Zechenplatz lassen jeden Tag Suppe und Nudeln hinunter, um die Moral zu stärken. Und am Schluss der Sieg, der Aufstieg ans Tageslicht, erschöpft, aber siegreich, und bereit, wenn nötig, morgen von Neuem zu beginnen, die Rückkehr aller ins Licht, Italiener, Polen, Ukrainer und die versammelte Menge, die zu ihrem Empfang die Marseillaise anstimmt. Die Minenarbeiter fallen weinend in den Chor ein. Sie bringen in ihren Taschen das Brot der Helden mit. Für die Kinder, die damit ein wenig von der gierigen Mine verschlingen. Eines Tages, bald, mit vierzehn, werden auch sie in die Mine einfahren. Der Direktor hat sie ausfindig gemacht, sonntags geht er durch die Siedlungen, mit gesenktem Kopf, kontrolliert, ob die Gärten gepflegt und die Bürgersteige gesäubert sind, ohne ein Wort zu sagen, nicht mal Guten Tag. Und fragt am Montag den Personalchef, wie alt ist der Sohn von Capracci, kommt wohl bald in die Lehre, nicht? Für die Mädchen die Hauswirtschaftsschule, nähen, bügeln, kochen, stopfen lernen, keine Zeit verlieren. Vier Jahre lang, von vierzehn bis achtzehn, danach gut vorbereitet für die Hochzeit. Eine Messe am St.-Barbara-Tag und Empfang beim Direktor der Mine für die zu diesem Anlass auserwählten Brautjungfern. In fürstlicher Geste schenkt er ihnen ein Taschentuch. Die Minenleitung organisiert das Festessen, und 1943, mitten in der Rationierung, entdecken so viele zusammengeschnürte Mägen voller Erstaunen, großzügig auf den Tischen ausgebreitet, Aprikosentarte, Braten, Wein, Champagner. St.-Barbara-Tag, 4. Dezember 1943. Zwei Monate später fährt die Gestapo in die Mine ein und verhaftet vierzehn Widerstandskämpfer. Denunziert.

Das blaue Land

Der Zug von Metz nach Thionville legt nur einen Zwischenhalt ein. Bloß um die Besucherschar vor dem Vergnügungspark abzuladen. Man kommt hierher, um zu feiern, so scheint es, um wieder Kind zu sein und zu vergessen, dass man als Kind noch einen gewissen Stolz hatte, Arbeiterstolz, wie man sagte, der tief in einem verankert war. Es ist wohl zu spät, an Ehre zu denken, die Devise heißt überleben. Die Rußgesichter haben den blauen Zwergen Platz gemacht. In den Ohren der vorüberziehenden Touristen klingen die kehligen Laute lächerlich. Weiter entfernt verkümmern ein paar Bergbaumuseen, aber die Achterbahn, die Einkaufszentren oder das neueröffnete Kasino in der Nähe sind immer gut gefüllt. An der Stelle des früheren Werks – und staatlich bezuschusst. Liefe man dort mit einer Stirnlampe herum statt mit einer Laterne, man fände keine Menschenseele mehr.

Die Kommune

Am Ortseingang von Villerupt stand über Monate, vielleicht ein oder zwei Jahre, eine seltsame Skulptur, ein hoch aufragender Mikado-Stab aus Stahl in der Mitte der Kreuzung, den die Autos umrunden und bewundern mussten, wenn sie in die Arbeitersiedlung hinein oder wieder heraus wollten. Um sich Gehör zu verschaffen, die Helden des Eisens, die zum Happening verkommen waren. Hatten auf das Metall geschrieben: »Lothringen wird leben«.

Lothringen, das konnte nur der Stahl sein, Micheville, das Werk, das sich die de Wendel einige Jahre früher vom Hals geschafft hatten, der seit langem ausgestorbene Tagebau, doch in den anderen Stollen noch immer geschäftiges Treiben – unterirdische Lebensnerven, die das Herz der Siedlungen schlagen ließen.

Sie waren mehrmals hergekommen. Dieses Mal redeten sie, lang und ausführlich. Die Männer reckten die Arme in die Höhe, schwenkten ihre Helme mit der inzwischen elektrischen Stirnlampe drohend hin und her. Von Personalabbau war die Rede, schmerzloser Umstrukturierung. Die Interessen aller würden berücksichtigt. Eine

Schließung stand anfangs gar nicht zur Debatte. Man müsse Kräfte bündeln, modernisieren, Gewinne steigern. Die Argwöhnischen sahen das Unwetter heraufziehen. Seit den 1965er Jahren fing man an, die Fördermenge zu reduzieren.

Das war unvermeidlich. Die Minette aus Lothringen, zu geringer Eisengehalt, nur fünfundzwanzig bis dreißig Prozent, dagegen in Brasilien Eisenerzvorkommen von siebzig bis achtzig Prozent. Arithmetik der Moderne. Die Arbeiter klagten: Die luxemburgischen Anlagen bauten tatsächlich weiter dieselbe *Minette* ab, überquerten munter die unterirdischen Grenzen, um sich in Frankreich das Erz zu holen, das ihnen fehlte. Auf diese Weise hielt die ARBED ihre Hochöfen dank des französischen Erzes weiter am Laufen. Nur die nationale Herkunft des Gesteins, die interessierte keinen. In Lothringen selbst herrschte eklatanter Mangel an verarbeitender Industrie. Niemand hatte das gedacht. Niemand schien die heraufziehende Gefahr zu spüren. Jedenfalls nicht diejenigen, die für die Zukunft der Werke und Minen verantwortlich waren. Aus ihrer Sicht war der Gewinn bereits eingebracht und der Markt erschlossen. Seit Ende des neunzehnten Jahrhunderts blühten und tanzten alle diese Täler der Orne, der Fensch, der Alzette … im Rhythmus des Wachstums. Und die durch den Wiederaufbau nach dem Krieg verstärkte Nachfrage hatte die Absatzmärkte für Stahl aus Lothringen erweitert.

Der Dezember 1978 war ausgesprochen kalt. Der Ingenieur schien schweigsam, und die Arbeiter beobachteten ihn ratlos. SIE waren also wiedergekommen, SIE haben geredet, einmal mehr, noch schnell vor den Feiertagen, um den Truthahn und die Geschenke nicht zu verpassen. Arbeitsplätze gestrichen im Becken von Longwy, Betriebsumstellung bei Usinor. In den Ohren der Kinder war das Becken von Longwy ein Ort, an dem man baden konnte, was haben diese Worte zu bedeuten, die die Erwachsenen immer wieder in den Mund nehmen, die nicht überzeugend klingen, aber sie wütend machen. Ein Mädchen steht da, in seinem kleinen grünen Mantel, schaut zu seinem Vater hoch, der ihm zulächelt, er beugt sich leicht zu ihm herunter, die Spruchbänder flattern, Kommunistische Partei Frankreichs, Verband von Fontoy, viele sind gekommen. Sie fragt ihn, wo das Becken von Longwy sei, warum er hier eine Rede halte, statt mit ihr spazieren zu gehen. Im Laufe des Abends hält der Mann am Rednerpult eine feierliche Ansprache an die Menge und erläutert den Arbeitern: »… die Gefahren für die Beschäftigung in der Region, … für die Zukunft der Jüngsten sorgen …«. Das kleine Mädchen ist immer noch da, diesmal auf dem Schoß der Mutter. Es hat seinen kleinen Weidenstuhl dabei. Sein Vater spricht, und es beobachtet ihn, und plötzlich steht es auf, nimmt seinen Stuhl und setzt sich unterhalb des Pultes vor das Mikro, vor die Menge, es klettert auf den Stuhl und eröffnet ihm: »Papa, das ist nicht wahr, was du sagst!«

Der Tod existierte noch nicht.

Keiner blieb auf der Strecke, nein. Sie gingen alle fort, die Jüngeren zogen in andere Regionen, die Übrigen zu anderen Werken. Es war ein langsames Sterben. Die anderen kamen und redeten, und die Männer hörten ihnen nicht einmal mehr zu. Alle Männer und Frauen des Pays-Haut gingen auf die Straße. Das war 1979, sie hatten Longwy besetzt, hielten einen Direktor gefangen, als Geisel, würden sie sagen – wer waren die wahren Geiseln, mit jeder Faser an diese Erde und an ihren Beruf geknüpft: nie etwas anderes gelernt, seit dem vierzehnten Lebensjahr unterrichtet, abgerichtet auf das Werk, auf dieses eine Werk, für diese eine Mine, und selbst die Häuser, die Arbeitersiedlungen verkauft, weil sie sich bald nicht mehr rentieren würden, aufgekauft von den Menschen, die in ihnen wohnten. Und plötzlich müssen sie wegziehen.

Wer sind die wahren Geiseln.

Doch schließlich griff die Polizei ein. Wollte die Aufrührer verjagen. Der Todeskampf erregt Aufsehen. Man wollte wohl, dass sie schweigend klein beigeben.

Also erstürmten sie das Polizeirevier. Mitten in der Nacht. Holten die Fahrzeuge aus dem Werk, aus der Mine und zogen, am Steuer der Schaufellader sitzend, vor die Polizeistation. Schüsse fielen. Einschusslöcher in den Mauern. Der bewaffnete Arm des Staates, im Innern in Deckung gegangen. Die Bereitschaftspolizei zur Verstärkung angefordert. Die Schlacht von Longwy forderte keine Toten, nicht gleich.

Jetzt gleich brach vielmehr die Freude los, die Begeisterung, sein Schicksal selbst in die Hand zu nehmen. Männer ergriffen das Wort, kamen auf die Bühne, und alle schrien: Lothringen wird leben!

Im Radio hörte man nur noch LCA, Radio Lothringen, Herz des Stahls, und überall prangten Malereien und Parolen auf den Mauern.

Wenn man auf dem Weg von Villerupt nach Longwy den Serpentinen bis tief in den Wald hinein folgte, so stieß man auf eine riesige dunkle Abraumhalde, wie von einem Götterkind aufgetürmt. So spitz zulaufend, so makellos, dass man Lust bekam, dieses Geheimnis auszukundschaften, Stollen hineinzutreiben, denn bestimmt lag ein Schatz darin verborgen. Aber im Bewusstsein der Gefahr hat man niemals einen Fuß hineingesetzt: In Audun waren Kinder im Staub der Abraumhalde erstickt, die jedoch so weiß war, dass man sie für einen Felsen aus der Normandie mitten im Wald hätte halten können. Dort in Longwy war die Abraumhalde schwarz, aber oben sah man nachts »SOS« blinken.

An einem Februarabend besetzen die Gewerkschafter die Fernsehstation. Jetzt waren die symbolischen Instrumente der politischen Macht in ihrer Hand. Und, schau an, die Polizei. Mitten in der Nacht überrascht sie die Streikenden im Innern der Polizeistation, es hagelt Schläge, eine große Prügelei, und schon ist die Station zurückerobert. Die Männer des Eisens, die man auf die Straße gesetzt hatte, nur weil sie reden wollten, beschaffen sich Megaphone und ziehen durch die Stadt, sie rufen auf, sich zu versammeln, sie rufen, Lothringen dürfe nicht sterben, man müsse kämpfen, und schweigend steigen die Menschen in

Massen von ihren Fenstern auf die Straße herab, bringen einen Bulldozer in ihre Gewalt und belagern das Polizeirevier. Eine Barrikade ist das, eine Revolution, die Empörung, dass man sie über den Tisch gezogen hat, dass sie von nichts wissen, der Überdruss, niemandem glauben zu können, sich an den ausweichenden, verängstigten, fremden Gesichtern von Leuten zu stoßen, die nicht verstehen wollen, dass dieses Land hier denen gehört, die ihres verloren haben, denen, die aus ganz Italien, aus ganz Polen hergekommen sind, und ein paar aus Algerien. Ein Babel ist es nicht, keineswegs, diese Menschen sind Brüder. Ihr ganzer Stolz ist die Mine oder das Werk, in jedem Fall ihre Arbeit. Alle diese Männer, die in dieser Nacht auf den Beinen waren, und ihnen gegenüber, auf der anderen Seite, der Giscard-Staat.

In der Polizeistation bleibt es still, man befürchtet das Schlimmste. Die Bosse und Manager haben ihre Posten verlassen, aus Angst, gefangen genommen zu werden, aus Angst, sich rechtfertigen zu müssen für ihre Lügen und faulen Ausreden über zehn Jahre hin. Man ist unter Männern, man hätte miteinander reden können. Diejenigen, die geblieben sind, haben sich in ihren Büros verschanzt. Der Bulldozer hält auf die Polizeistation zu.

Niemand ist in dieser Nacht zu Tode gekommen. Aber es lag etwas in der Luft, eine Vorahnung, etwas Lebendiges, Warmes, das nicht sterben will, hat sich da, in dieser Nacht, ereignet. Die anderen bekamen Angst, nicht die Polizisten, oder vielleicht doch, aber vielleicht kennen diese die Jungs auch, die Umstände, jedenfalls verstanden sie vielleicht besser als andere, wenn sie ihre Haut retten konnten, verstanden besser als andere, wofür jene kämpften.

Die Lehrerin in der Grundschule wird ihnen erklärt haben, warum ihre Väter und Mütter an diesem Jahresbeginn ständig erschöpft nach Hause kamen, warum sie seltener da waren, bei ihren Kindern, die von all dem nichts verstanden, für die die ganze Welt aus Minen- und Stahlarbeitern bestand. Alle hießen sie Burini oder Tondini oder Melnyk. Erst später werden sie das Andersartige, Fremde dieser Namen erkennen, und dass man sich über den Ursprung dieser Polacken-Itaker-Klänge wundern oder aber vor einem einzelnen Wort Angst haben konnte: »Kommunist!« Auf den Bänken der Grundschule oder des Collège war all das noch nicht wirklich wichtig: Sie entstammten alle der gleichen Geschichte. Einige Lehrer mühten sich ab, mit ihren Schülern *Germinal* zu lesen, ohne großen Erfolg. Zu wenig Neues. Oder einfach der Unmut über die hundertfach erzählten Geschichten. Warum in den Abraumhalden eines vergangenen Jahrhunderts graben, wenn es die Geschichte des Eisens an sich zu retten galt. Die Erinnerung an die Vergangenheit verblasste angesichts der Dringlichkeit der Gegenwart. Und des Fatalismus.

Später, wenn eines Tages die Nabelschnur zwischen dieser Geschichte und der jüngeren Generation durchschnitten ist, wird der Roman mit den wehmütigen Erinnerungen an die Kindheit den Stolz wieder aufkommen lassen, dabei gewesen zu sein. Aber bis dahin, noch vierzehn, fünfzehn Jahre, herrscht allein die Eile: weggehen, flüchten, abhauen und dieses gottvergessene Land, dieses tödliche, düstere Tal verlassen, wo alles nur Krise ist, Vergangenheit, Nostalgie und Hoffnungslosigkeit. Wo die Zukunft hinter einem liegt: Arbeitslosigkeit, grauer Himmel, Arbeitersiedlungen, die über alten, eingestürzten Stollen absacken. Fortgehen, fortgehen, denn anderswo fing das wahre Leben an, die Lichter der Stadt. Bereits in Metz, gar nicht weit entfernt, gerieten sowohl das Werk als auch die Mine ganz schnell in Vergessenheit.

Klassenkampf

Seit Jahren arbeitete er unter seiner Leitung.

Monsieur war der Direktor des Werks, in dem er als Elektromechaniker angestellt war. Nach dem Volksschulabschluss teilte man seinem Vater mit, dass das Werk Elektriker einstellen würde, und so wurde er Lehrling. In der Schulzeit hatte er eine Zeitung herausgegeben und Gedichte geschrieben. Oft rezitierte er während der Schicht Fabeln von La Fontaine oder Gedichte von Victor Hugo, den mochte er am liebsten.

Als Facharbeiter ging er zur Abendschule, wurde Vorarbeiter. Er fuhr im eigenen Auto von einem Standort zum nächsten. Über zwanzig Jahre hinweg. Der Mann schien die Geduld in Person zu sein. Sorgfältig, pedantisch, pünktlich, gewissenhaft. Seine Frau konnte gut kochen. An Empfangstagen ging sie Madame zur Hand, in der übrigen Zeit arbeitete sie als Putzfrau. Aus dem Urlaub brachten sie für Monsieur und Madame immer ein Geschenk mit. Umgekehrt war das nicht der Fall. Als sich die Lage im Werk zuspitzte, musste an allen Ecken und Enden gespart werden. Monsieur hatte schlecht gewirtschaftet. Seine Bilanzen waren nicht ausgeglichen. Er forderte den Buchhalter auf, dem Elektriker ein paar Kilometer von den Fahrtkosten abzuziehen, unter dem Vorwand, die Entfernung zwischen seinem Haus und dem Werk sei niemals überprüft worden: Waren es tatsächlich vier oder fünf Kilometer und ein paar hundert Meter? Insgesamt vielleicht zweihundert Francs seines Lohns. Und der andere deckte plötzlich, nach zwanzig Jahren, den Schwindel auf, all die Verachtung, die sich unter seinem Panzer aus Freundlichkeit angestaut hatte, all die Missachtung, die man ihm selbst und seiner Familie, seinem behinderten Sohn entgegenbrachte, und obwohl seine Frau bei Madame zum Kochen und Putzen ging, und dann die paar Francs, die er ihm wegzureißen sucht, und sein Sohn liegt krank in der Klinik, das weiß der andere eigentlich, warum macht er das, wie kann er so etwas tun, das heißt doch, dass wirklich Krieg herrscht, aus Verachtung und Hass; und dann hält er es nicht mehr aus, kommt zum anderen ins Büro und fragt, was los sei, und der andere sagt, er solle sich beruhigen, er nennt ihn direkt beim Nachnamen, natürlich, und der Arbeiter, der vor ihm steht, antwortet ihm diesmal, ohne ihn Monsieur zu nennen, er habe ihn und seine Frau all die Jahre zum Narren gehalten, und Wut steigt in ihm auf, er packt ihn am Kragen und hebt ihn hoch und presst ihn gegen eine Wand und drückt und drückt, er hat Lust ihn zu schlagen, aber hält sich noch zurück, eine leise Stimme befiehlt ihm, nicht zuzuschlagen, aber das Drücken kann er nicht lassen, er schafft es nicht, zum Glück ist der Buchhalter hinter ihm hereingekommen und packt ihn bei den Armen, damit er loslässt, und dann lässt er von ihm ab. Der andere atmet tief durch, gewinnt seine Fassung zurück. Fängt an, sein Gegenüber zu beschimpfen, sieht aber plötzlich im Blick des Arbeiters, dass dieser nichts mehr zu verlieren hat, dass er verstanden hat, dass er nichts mehr zu verlieren hat. Daher die Angst. Er murmelt etwas und fordert ihn auf, zu gehen. Der Arbeiter geht. Entlassen wird er nicht, es müssen sowieso alle gehen, Monsieur, der Herr Direktor, als Erster.

Zweihundert Milliarden Francs. Warum macht sich eine rechte Regierung die Mühe, die Stahlindustrie Lothringens kurz vor der Schließung zu verstaatlichen und dabei zweihundert Milliarden zu versenken. Seit Ende der sechziger Jahre kursierten unter den Arbeitern Gerüchte über rückläufige Geschäftstätigkeit. Das zumindest hätte den Nachfahren der de Wendel, der Eisenbarone, und den alten großbürgerlichen Familien die Gelegenheit gegeben, sich glimpflich aus einem Abenteuer zurückzuziehen, das doch ihren Sprösslingen über Generationen hinweg Reichtum beschert hatte. Zu Reichtum gekommen dank der Eisenarbeiter, dann vom wohlwollenden Manna der Regierung vor dem Ärger der Schließung gerettet … Was für eine Zerreißprobe, sich aus der patriarchalischen Stahlindustrie zurückziehen zu müssen, um mit der CGIP eine gewöhnliche Holding zu gründen. Aber die lange Familientradition hatte sich überlebt und musste sich an die moderne Welt anpassen. 1978 hat die CGIP Usinor-Sacilor dann für einen sehr ansehnlichen Preis an den Staat verkauft und behielt einzig die rentableren Geschäftsbereiche, hatte sich von all den dahinsiechenden Zweigen der Stahlindustrie befreit, um woanders zu investieren. Muss man in dieser schmerzhaften Phase den Ursprung der de Wendel'schen Abneigung gegenüber dem Wohlfahrtsstaat sehen … Schon 1968 hatten Kinder aus der Arbeitersiedlung Steine in den Schlosspark der de Wendel in Hayange geworfen, was hätten sie also zehn oder fünfzehn Jahre später getan.

Einige Väter werden sich die in goldbesticktem Samt gebundene Hagiographie ins Regal stellen, die sich der Familie der Hüttenwerksbesitzer von Hayange widmet: Geburt, Aufstieg und sozialer Wohlstand für alle Angestellten, oder für fast alle. So konnten sich diejenigen, die demütig und gehorsam lebten, eine Belohnung erhoffen, mal ein Stipendium für eines der Kinder, mal einen ruhigen, von allen geneideten Arbeitsplatz. Das ABC eines jeden guten Erben: die treu Ergebenen stets belohnen wie einen folgsamen Hund, damit alles so bleibt, wie es ist.

Aragon

In den politischen Versammlungen wurde viel über Literatur geredet.

Der Verlag Messidor erfreute sich in den Parteizirkeln einer treuen Stammkundschaft. Die Vertreter besuchten die Arbeitersiedlungen, unterm Arm die gesammelten Werke des Genossen Aragon, mit Goldrand oder in Samt gebunden, Jean Jaurès' Geschichte der Französischen Revolution, die schweren Bände der Marx-Ausgabe. Dieser hatte angeblich einen Ehrenplatz in der Büchersammlung der Sympathisanten: Die zahllosen Bände thronten unerreichbar hoch oben in den Regalen, von kleinen kupfernen Lenin-Büsten gestützt. Dann und wann hob sich ein Titel in leuchtender Farbe von den anderen ab, durchbrach die Monotonie der Buchreihen: *Il ne m' est Paris que d'Elsa* versetzte einige Besucher in Verwunderung, aber die Stimme des Prince des Poètes war unfehlbar. Es war eine Ehre für die Arbeiterklasse, ihn als Sprachrohr gewonnen zu haben, und was für eine Sprache. Er zählte zu den wenigen, die geblieben waren, während so viele andere, eine Zeitlang Weggefährten, fortgegangen waren; über das Warum sprach man kaum, die Gründe waren schwer nachvollziehbar, rätselhaft und traurig. Sie hatten wohl aufgehört zu glauben, den Glauben verloren. Man lernte *La rose et le réséda* auswendig, und diese geheimnisvolle Blume wurde dank der Alliteration zu einem Sinnbild der Arbeiterklassen, die für die Befreiung der Freiheit kämpften.

Er der an den Himmel glaubte
Er der nicht dran glauben konnt
Beide beteten zur Schönen
Die der Kriegsknecht hielt in Haft
Auf die Leiter stieg der eine
Unten hielt der andre Wacht
Er der an den Himmel glaubte
Er der nicht dran glauben konnt …
Ein Rebell ist ein Rebell wir
Schluchzen uns *EIN* Grabgeläut

Die Operation

Wie, du hast nie was bemerkt, du bist doch dort gewesen? Ist dir nie etwas aufgefallen?

Das war's, es ging wieder los. Das »dort« eroberte ihre Geschichte und dieses kleine Krankenhauszimmer mit den gelb gestrichenen Wänden, das in die Landschaft von Nancy hineinragte. Man fuhr anderthalb Stunden bis zur Kardiologie, wo er auf seine Operation wartete. Er musste sich schon zu lange in Geduld üben und hatte zu viel Zeit, um darüber nachzudenken, was durch den Bildschirm des kleinen Fernsehers zu ihm hereindrang. Nachdenken über die vergangenen Jahre, die Jahre des Kampfes, die Streiks, und die insgesamt niederschmetternde Bilanz, hoffnungslos niederschmetternd.

– Natürlich ist es uns aufgefallen, aber wir haben uns gesagt, das würde mit der Zeit besser werden, die freie Meinungsäußerung würde sich später einstellen, im Augenblick müsse man die Fortschritte in der Bildung, im Gesundheitswesen und den freien Zugang zur Kultur für alle wertschätzen. Vielleicht haben wir uns gesagt, dass die Leute in den Geschäften zwar keine besonders große Auswahl hätten, aber sie mussten nicht verhungern, und immerhin sah man das Volk im Bolschoi! Bei uns in Frankreich waren die Läden zwar gut gefüllt, aber für unsere Löhne konnten wir uns kaum etwas kaufen. Und war die Konsumgesellschaft wirklich ein Vorbild, ein Ideal?

Aber die Gulags? Die Flüchtlinge haben schließlich davon erzählt, und zwar nicht nur die erklärten Feinde, Kulaken oder ehemals Wohlhabende, die angesichts ihrer Enteignung verbittert waren, sondern vor allem viele frühere Kommunisten, empört und enttäuscht …

– Wir haben ihnen nicht geglaubt. Ehrlich, wir haben ihnen nicht geglaubt … Wir konnten ihnen nicht glauben. Wir dachten, sie seien auf die andere Seite gewechselt und würden Lügen erzählen, um die kommunistische Praxis in Verruf zu bringen. Das war für uns derart unvorstellbar. Wir, wir waren französische Arbeiter oder italienische, wir konnten in die UdSSR fahren und die Werke besichtigen: Die Arbeiter dort schienen glücklich zu sein, wir sprachen kein Russisch, wir wurden immer von jemandem begleitet. Und dann habe ich sogar ein paar Russen getroffen, die mit uns gesprochen haben …

– Ich will nicht behaupten, dass wir Opfer waren, aber Bolschewiki genannt zu werden erfüllte uns mit Stolz, uns, die wir in der Mine, im Werk schufteten wie die Tiere, denn es bedeutete, dass wir ein System ablehnten, das sich allein auf Ausbeutung stützte, auf die Ausbeutung des Menschen durch den Menschen. Wie viele Arbeiter sind im Walzwerk ums Leben gekommen, wie viele Bergleute unter Tage geblieben, in den vergangenen hundert Jahren, in denen Lothringen schon seine Kinder verschlungen und nichts als Staub zurückgegeben hat? Wie hätten wir wissen können, dass die Bolschewiki, einmal im Ostblock an die Macht gekommen, selbst zu Ausbeutern, zu kleinen Bossen geworden waren und jetzt die neue privilegierte Klasse bildeten, im Namen der Abschaffung von Privilegien. Für uns war Marx ein Hoffnungsträger. Den Klassenkampf erlebten wir tagtäglich, Ausbeutung erfuhren wir im Werk, in der Mine, jeden Tag neu. Man musste nicht weit gehen, das war kein Gerede, das war unser Leben, mit jedem Tag, der vorüberging. Die Jungs litten an Lungenkrebs, und man sagte ihnen, um die Berufskrankheiten nicht anerkennen zu müssen, das käme von den Zigaretten. Auch in der Stadt sah man sie, ganz oben die Direktoren, in weitläufigen Herrenhäusern mit Bediensteten, darunter die Ingenieure, in großen Reihenhäusern, weiter unten die Vorarbeiter, und schließlich, ganz unten, die Arbeitersiedlungen. Jetzt sind sie alle fort, die Ingenieure, die Direktoren und vor allem die Bosse. Selbst die de Wendel in Hayange, eine Autobahn führt durch den Park ihres alten Hauses. Ihnen ist das egal, sie setzen schon lange keinen Fuß mehr in diese Gegend. Aber die pensionierten Stahlarbeiter sind geblieben.

Man sieht sie noch oft, diese Frührentner von fünfundvierzig, fünfzig Jahren, soziale Gespenster in der hierarchischen Struktur einer vergangenen Epoche. Nachmittags irren sie umher, jung noch, über dem Abgrund schwebend, oft ungläubig, dass sie den Untergang überlebt haben, das Herz übervoll mit altmodischen Sehnsüchten und Erinnerungen, von denen niemand etwas wissen will.

Schmerzt es dich nicht, an all diese Treffen zu denken, an all diese Reden, an all die Energie, die ihr in Ideen gesteckt habt, die man euch jetzt ins Gesicht schleudert wie etwas Schändliches …

– Mit unseren Ideen haben wir die Dinge vorangebracht, die Arbeit, überall. Für Algerien, gegen die Todesstrafe, für die Rechte der Frau, wir waren immer vorne mit dabei. Ohne dieses Ideal hätte uns die Arbeit ausgelaugt, wie so viele heutzutage, und das Fernsehen hätte uns abgestumpft.

Die Minen sind stillgelegt, die UdSSR existiert nicht mehr …

Er wird ungeduldig, wälzt sich auf seinem Bett hin und her, die Hände wirbeln in alle Richtungen.

– Ich muss mir von niemandem etwas sagen lassen, mein Vater ist in den deutschen Konzentrationslagern ermordet worden, ich selbst war im Algerienkrieg, zweiunddreißig Monate lang, ich wurde einberufen, obwohl ich für die Unabhängigkeit war und als Kriegswaise unter staatlicher Fürsorge stand, aber die Kommunisten mussten sich damals beweisen, umso besser, wenn sie nicht zurückkamen. Als es zum Putsch kam, hatten wir es dermaßen satt, dass wir unseren General als Geisel genommen haben, er war nicht sauber, aber er hat in letzter Minute die Fronten gewechselt, und ich habe zwei Monate eingesessen. Ich habe meinen Teil beigetragen und ich bin stolz auf meine Überzeugungen. Ich bin stolz.

– Was haben wir Schlechtes getan. Nichts. Ein Leben lang wie die Irren gearbeitet. Zehntausend Leben. Und als es darum ging zu kämpfen, in einen Krieg zu ziehen, den andere angezettelt hatten, taten wir auch das noch. Wir sollten auch noch anstelle von denjenigen sterben, die im Hintergrund blieben, für die Kollaborateure, die Drückeberger. Zuerst 1914, da hat es angefangen. Sollte besser auf der richtigen Seite stehen, auf der Seite, wo Orden verteilt werden statt Schläge. Und dann, 1940, ging es von vorne los, sogar noch schlimmer als vorher. Später dann Algerien, wir waren dagegen. Diejenigen, die studiert hatten, bekamen Aufschub; von Aufschub zu Aufschub, das funktionierte. Für uns, selbst für die Kriegswaisen unter staatlicher Fürsorge, war nichts zu machen, einfacher Bergmann, mehr nicht, also los, an die Arbeit. Zweiunddreißig Monate. In der Wüste, in Tlemcen. Zweiunddreißig Monate, das macht zweieinhalb Jahre, zwei davon im Knast wegen Befehlsverweigerung gegenüber dem fahnenflüchtigen General. Da hat man einmal auf de Gaulle gehört. Aber der andere, unser General, hatte gespürt, dass sich der Wind dreht. Und die Seiten gewechselt. Wir landeten im Knast. Zu der Zeit brauchte man nur Abitur und dann eine militärische Ausbildung, man kommandierte den einfachen Soldaten herum, den Arbeiter, genau wie im Werk auch. Wie viele Abiturienten gab es 1959? 10 bis 15 Prozent? Meint ihr, sie hätten das nicht verdient, nicht intelligent, nicht sensibel genug für die Poesie? Nur die technischen Fächer, gut für die Arbeit, und Rechtschreibung, natürlich, Lorbeeren des Armen, einwandfreie Rechtschreibung, nicht ein einziger Fehler. Die Sittenpolizei des geschriebenen Wortes. Angenehm zu lesen sein. Nichts erkennen lassen, außer vielleicht gerade durch diesen Zwang zur Perfektion, diese überzogene Autoritätshörigkeit; aber sonst, die Arbeiterherkunft nicht erkennen lassen, und die Armut, das Elend, nein, den Leser nicht in Verlegenheit bringen. Unerfreulich, so ein mit Fehlern gespickter Brief. Fehler versündigen sich gegen die schönen Mythen der Gleichheit. Sehr unangenehm, so ein ungelenker Brief, man kriegt Mitleid, will Nein sagen, da haben wir's, es ist vorbei, man sieht nichts anderes mehr als das, die Fehler, man vergisst den Rest, den Inhalt, die Gedanken. In Algerien hatten die Kameraden damals Patinnen, kleine Französinnen, in Kleidern mit Vichy-Muster, sie schrieben den Soldaten Briefe, für die Moral der Truppe. Man musste eine Antwort schicken, viele Analphabeten unter den Jungs, wussten nicht, wo beginnen, wollten einen schönen Brief für die Patin, also schrieb er ihn für sie. Er half ihnen ein bisschen. Es machte ihm Spaß, den Cyrano zu spielen. Wie viele Briefe in zweiunddreißig Monaten? Zweiunddreißig Monate, und nicht einmal genug Geld für das Schiff, um in den Urlaub nach Frankreich zu fahren. Sein Bruder musste ein Messer verkaufen, ein Geschenk der Mutter, um die Rückfahrkarte zu bezahlen, sein Bruder ertrug den Krieg nicht mehr, wollte zurück zu seiner Frau, seiner Verlobten, bald Mutter einer kleinen Tochter; da erst hatte er heimfahren können, Alleinverdiener, und er hatte seinen Platz eingenommen. Sein Messer verkauft, um in Urlaub fahren zu können, denn der Lohn reichte nicht. Während die Diplomierten nach ihrer Militärausbildung wenigstens einen anständigen Lohn bekamen. Zehnmal so viel. Zum Leben und um sich in diesem Krieg, der im Wüstensand von Tlemcen steckengeblieben war, die Langeweile zu vertreiben.

Manchmal den Oberst nachts in die Berge begleiten, mit der Angst im Bauch. Angeblich zu einem Jagdausflug. Vielleicht, um mit den Fellagha zu verhandeln. Er ging los und ließ seinen Fahrer allein zurück, mitten in den Bergen, zusammengekauert auf dem Boden seines Jeeps, schlotternd neben seiner MP. Verbarrikadiert, auf das geringste Geräusch lauschend, lächerlich und absurd, der französische Soldat, mitten in die algerischen Berge gepflanzt. Der einzige Wunsch: nach Hause fahren. Eines Nachts nähert sich Motorenlärm. Flößt ihm Angst ein. Ein Auto auf der Straße, aus der Gegenrichtung, also aus dem Nirgendwo. Nichts als Wüste auf dieser Seite der Nacht, und das über hunderte von Kilometern. Die Angst wird stärker. Aber ein einzelnes Auto, das können keine Fellagha sein. Die beiden weißen Scheinwerfer erlöschen ein paar Meter vor dem Jeep. Ein Soldat steigt aus, er brüllt. Schreit etwas auf Deutsch. Nähert sich dem Jeep. Ein Fremdenlegionär, sturzbesoffen, mit blutunterlaufenen Augen. Hinterhältig wie eine Hyäne. Wie die, die in die Menge geschossen haben, als die Straßen voller Menschen waren. Wie jene, die in den Kellern der Kasernen Gefangene foltern. Stromstöße in den Genitalbereich. Der Fremdenlegionär kommt näher, stürzt zur Autotür, öffnet sie und packt ihn am Kragen, er schreit irgendetwas, schüttelt ihn heftig. Immerzu wiederholen, dass er ein französischer Soldat im Einsatz sei, aber der andere schert sich nicht um die Einberufenen der französischen Armee, das ist nur ein brutaler Kerl, von Gewalt und Alkohol berauscht, der in der Wüste eine Zuflucht gefunden hat und ein Jagdrevier für seinen Hass. Die Bilder überlagern sich: Es ist Krieg und deutsche Soldaten kommen zu ihnen ins Haus und verprügeln seine Mutter, er ist sechs Jahre alt. Was will er von ihm? Der andere brüllt immer noch und schlägt ihm mit der Faust ins Gesicht. Und bricht in schallendes Gelächter aus. Der Einberufene ist über den Wagenboden gerollt, er hat Angst, er wird sterben. Und immer noch diese Schreie auf Deutsch, und seine Mutter, die weint und fleht, aber er ist zu klein, er kann nichts tun, außer sich verstecken. Seine Mutter, dort oben, ganz allein, die auf ihn wartet, seit so vielen Monaten, sie wird nie die Wahrheit erfahren, Madame, wir bedauern sehr blablabla … Ihr Sohn ist tot, im Einsatz getötet, die Fellagha, die Araber, in der Nacht. Nein, das will er nicht, kein zweites Mal, erst sein Vater und jetzt er, nein. In seinem leeren Bauch steigt die Wut hoch, der Hass, den er seit Monaten gegen diese brutalen, dreisten Kerle hegt, die in den Dörfern Angst und Schrecken verbreiten. Er greift nach seiner Maschinenpistole, und während der andere grummelt und brüllt, entsichert er und schießt.

Der Fremdenlegionär stürzt hin. Seine eigene Hand zittert.

Er wird einige wenige Minuten brauchen, um die Szenerie in ihr Gegenteil zu verkehren, seinen Jeep etwa hundert Meter weiter weg zu parken und das andere Auto und den Leichnam hinter einem Steinhaufen zu verstecken. Morgen werden die Fellagha einen Fremdenlegionär der französischen Armee angegriffen und getötet haben, in der Wüste südlich von Tlemcen. Niemand wird sich deshalb jemals Fragen stellen. Und er wird nichts bereuen, niemals.

Das Krankenhaus

Er lag in seinem Krankenhausbett, ließ seinen Blick über die Decke gleiten, zerstreut, anderswo, tausende Kilometer weiter östlich. Wie konnte man es all diese Jahre über nicht durchschaut haben? Hatte man sie getäuscht, auch sie, irregeführt, übers Ohr gehauen? Im Radio Berichte über den Staatsstreich. Die Generäle der Roten Armee versuchten die Macht gewaltsam wieder an sich zu reißen. Erneut sah man Panzer, wie 1956 in Budapest, wie 1968 in Prag und überall sonst.

Seine Frau sah ihn ratlos an:

– Kannst du nicht an etwas anderes denken? Glaubst du nicht, dass wir genug gegeben haben, jetzt ist es vorbei. Denk ein bisschen an dich.

– Wir sind mit dieser Geschichte noch nicht durch. Das wird Jahre dauern. Wir können nicht so tun, als hätte es das alles nicht gegeben, unsere Hoffnung, unsere Kämpfe, tagein, tagaus. Man kann das nicht einfach alles wegwischen und sich sagen, wir hätten uns geirrt.

– Aber es bringt nichts mehr, das immer wieder durchzukauen. Die Partei ist am Ende, die Leute wollen nicht mehr kämpfen.

– Aber warum ist die Partei am Ende? Weil sie uns angelogen, uns alle verraten hat. Sie kann nicht so weitermachen, als ob nichts gewesen wäre, ohne reinen Tisch zu machen und alle Fehler und Zugeständnisse der Vergangenheit offenzulegen. Es gab dort Millionen Tote, und zur gleichen Zeit kämpften wir hier für die Sache. Wir tragen keine Verantwortung für das, was die Russen in den Gulags getan haben: wir haben das nie gewollt, weder du noch ich. Ich habe nie daran geglaubt. Mein Vater ist im Konzentrationslager umgekommen, weil er Widerstandskämpfer und Kommunist war. Ich habe mein ganzes Leben lang für ein Ideal gekämpft, fürs Teilen und für die Gerechtigkeit, nicht für ein totalitäres Regime.

– Wenn du schon so anfängst, weißt du genau, dass man dir die Diktatur des Proletariats um die Ohren hauen wird …

– Aber das Proletariat ist das Volk als Ganzes, ohne Ausnahme, die Diktatur des Proletariats, das hieß für mich, den Menschen über die Institutionen zu stellen, die direkte Meinungsäußerung des Volkes, die Demokratie bis in die Unternehmen hinein. Du, du meinst nicht, dass das die moderne Form von Tyrannei ist, die kleinen Despoten in der Firma, die Personalleiter und Manager, wie sie sagen; glaubst du, das sei besser als die Feudalherren im Mittelalter, die Leute, die von morgens bis abends um ihre Stelle bangen, die von einer Woche zur nächsten nicht wissen, wie viel sie arbeiten werden und für welchen Lohn? Meinst du nicht, dass die Menschen auch am Arbeitsplatz ein Recht auf Demokratie und Freiheit haben? Die haben gewonnen, die haben ihr System auf der ganzen Welt durchgesetzt, aber das genügt denen nicht, die wollen sichergehen, dass nie wieder Einwände aufkommen, deshalb muss man die Leute glauben machen, dass sie es seien, die gewonnen haben, dass die Wahrheit gesiegt habe! Wir aber, wir haben die Lehren aus der Vergangenheit gezogen, man wird uns die Wahrheit nicht auf einem roten Tablett servieren, aber die, die glauben noch immer daran, und ihre Ideologie wird noch mehr Opfer fordern. Die wollen uns glauben machen, dass es die Wahrheit sei, aber genau das haben auch die Russen getan: Das hier ist die Wahrheit, wenn du nicht einverstanden bist, dann irrst du dich. Was sagen die heute anderes?

– … Sie werden es nie verstehen.

– Was werden sie nie verstehen?

– Wie wir so ein Regime unterstützen konnten. Unsere Enkel werden es uns vorwerfen. Sie werden die historischen Umstände, den Kontext vergessen haben, man wird ihnen nur das sagen, was man ihnen sagen will, und sie werden glauben, wir seien Monster gewesen.

– Aber nein, wir werden es ihnen erklären.

Einmal mehr erregte sie sich. Sie suchte, sie wühlte in ihren Erinnerungen nach Anzeichen, Beweisen für ihre Hellsichtigkeit, gleich einem Mann, der am Ort eines Verbrechens vorbeigekommen ist, ohne dort irgendetwas gesehen zu haben, und sich anschließend den Kopf zermartert, um bedeutungslose Erinnerungssplitter zusammenzusetzen, ohne auf das Wesentliche zu kommen, das Gesicht des Schuldigen. Sie sagte sich, wenn man ihr Gehör schenken wolle, seien diese Lektionen vielleicht hörenswert, und die Menschheit könne an ihren Fehlern wachsen. Aber nein, man lag uns mit der Modernität in den Ohren, nur um die guten alten Methoden fortzuführen: Der Stärkste legt die Spielregeln fest und verteilt die Karten, nur um sich anschließend über das Pech des Schwächeren zu wundern. Der Zufall. Für den können wir nichts, so ist das eben.

– Aber du, du bist doch dort gewesen, hast du nichts gesehen? Du hast es nicht begriffen.

Er schloss die Augen. Rief sich seine Reisen in Erinnerung, in die UdSSR, in die DDR, nach Prag. Sicher, da gab es durchaus Dinge, die ihm seltsam vorgekommen waren. Die allgegenwärtige Bürokratie, die Sportler, die während einer Auslandsreise die Flucht ergriffen, die ›Nach-mir-die-Sintflut‹-Haltung, die falsch montierten Waschbecken in den Hotels, die Telefonisten, die darum baten, in einer Stunde noch mal anzurufen, weil sie in einer Stunde nicht mehr da sein würden, und dann der Alkoholismus, der Schwarzmarkt, eine Dose Kaviar gegen ein Paar Strumpfhosen. Trotz allem, trotz der kleinen und der großen Dinge hatte er es nicht begriffen.

Nur in Rumänien lagen die Dinge sehr offen zutage: in seinen Augen eine unsägliche Tyrannei, die mit dem Kommunismus nur den Namen gemeinsam hatte. So hatte er sich da herausgewunden. Angewidert und entsetzt von dem, was er gesehen hatte, aber das war nicht der Kommunismus.

Der Kommunismus war immer woanders, immer für später. Gleich dem Schatz am Fuße des Regenbogens, der sich stets entzieht, so entglitt auch die Umsetzung des Kommunismus immer wieder. Deshalb konnten sie jetzt die Reden nur schwer ertragen, in denen Kommunismus und Nationalsozialismus auf eine Stufe gestellt wurden. Das konnte er nicht hinnehmen. Sein Vater war in einem Konzentrationslager umgekommen, in Deutschland, in Bergen-Belsen. Und er, er hatte sein ganzes Leben für ein wenig mehr soziale Gerechtigkeit, für Frieden und geteiltes Glück gekämpft, weder für die Gulags noch für die Privilegien der Nomenklatura. Er fühlte sich als Kommunist durch und durch, das ging ihm an die Nieren, und er hätte schreien mögen, dass er ein Roter sei, und dass diese Idee edel und gerecht sei, aber er wusste, man würde ihn nicht verstehen. Die Krankenschwester stürmte ins Zimmer. Sie warf seiner Frau einen finsteren Blick zu:

– Was geht hier vor? Warum regen Sie sich so auf? Sie wissen, dass Sie unter Beobachtung stehen, also beruhigen Sie sich. Ich werde Ihren Puls messen.

Seine Frau schaute sie mit müden Augen an. Bestimmt dachte sie, sie hätten sich gestritten. Wenn sie wüsste, dass ihre Streitigkeiten nichts anderes waren als ein kleines erbärmliches Häuflein an Geheimnissen, an Vertrautheit, und dass allein ihr Engagement zählte, ihr täglicher Kampf. Das war all die Jahre hindurch so gewesen: Ihre Individualität zählte nichts neben der Sache selbst, und wenn sie sich anbrüllten, dann aus politischen Gründen. Der Rest war unwichtig, Energieverschwendung. In ihren Augen verschanzte sich heutzutage jeder hinter seinem kleinkarierten Privatleben, die Berge oder das Meer, ein

Fiat oder ein Renault, und mit all dem erschuf man sich eine kleine Persönlichkeit, an der man sich erfreute, einzigartig, unschätzbar wertvoll. Man stopfte sich mit »Gefühlen« voll, aber um was eigentlich zu beleben? Sie jedenfalls konnte nicht sehen, was das ändern sollte, was das zur Debatte beitrug.

– Du solltest jetzt schlafen, Angelo.

– Wir waren keine Monster. Sie behaupten das jetzt, um uns zu diskreditieren. Das passt ihnen gut in den Kram, aber wir, wir wollten nur ein wenig Gerechtigkeit …

– Ich weiß, ich weiß. Schlaf jetzt. Du musst dich ausruhen. Und weißt du, in Frankreich haben wir durch den Kampf sehr viel erreicht: Unser Sozialsystem ist nicht so schlecht.

– Ja, aber jetzt können sie alles wieder in Frage stellen, und niemand wird sich mehr trauen, den Mund aufzumachen, um nicht beschuldigt zu werden, dass …

Seine Lider waren schwer. Er schloss die Augen. Sie wusste ja sowieso Bescheid. Schon lange. Sie hatte es noch vor ihm begriffen und ihre Parteimitgliedschaft nicht mehr erneuert seit … seit wann? Seit der Invasion in Afghanistan vielleicht. Er erinnerte sich nicht mehr so genau. Er hatte dann weiter ihre Beiträge bezahlt, ohne es ihr zu sagen.

Im Jardin du Luxembourg

Zwei Wochen waren seit ihrer Ankunft in Paris vergangen. Gemeinsam mit den Freunden, die zusammen mit ihr die Aufnahmeprüfung bestanden hatten, war sie unterwegs und erkundete die Stadt. Ihr seid hier, um euch weiterzubilden, geht aus, geht ins Theater, ins Kino. Ihr habt dafür vier Jahre Zeit, man erwartet das von euch.

Alle waren sie sympathisch und intelligent, weder überheblich noch karrieristisch. Auf einmal gab es nichts anderes zu tun, als stundenlang im Café zu sitzen, zu diskutieren, zu rauchen und Bier zu trinken. In den dreckigen Cafés, klein, vollbesetzt, kam ihr Paris anfangs nicht sonderlich schön vor, die schiefen Häuser oder die großen Gebäude, die nur aus Dienstmädchenzimmern bestanden. Sie war im Internat. Da wurde lang und breit über Politik geredet. Es war lustig, vor allem mit den Jungen war es lustig. Ironie war ganz neu für sie. Es war wie ein Rausch, nichts anderes tun zu müssen, als Ideen zu entwickeln und dafür bezahlt zu werden. Ein bisschen seltsam, aber begeisternd. Der Sinn des Absurden war absolut sinnlos. Ihre Klassenkameraden konnten sich für nichts begeistern. Ein Artikel aus der *Vingt ans* war genauso ein literarisches Schwergewicht wie *Contre Sainte-Beuve* und hatte mehr revolutionären Tiefgang. Eine Schülerin war letztes Jahr in ihrem Zimmer an Magersucht gestorben. Worin besteht der Unterschied zwischen Erziehung und Unterricht. Die Novelle. Der Orient war für die Römer immer das gefährliche und faszinierende andere, die ganze römische Geschichte lässt sich anhand der Dialektik zwischen Orient und Okzident untersuchen, warum weist Titus Berenike zurück, weil sie Königin ist und das Königtum seit 509 v. Chr. tabuisiert wird, aber auch, weil sie aus dem Orient stammt; Cäsar wird beschuldigt, der Geliebte des Königs von Bithynien gewesen zu sein, aber vor allem, ein passiver, verweiblichter Geliebter gewesen zu sein, der Orient, das ist die Frau, die Kunst, der Luxus, der Müßiggang; Rom, das ist die Arbeit, das Ernsthafte, die Schweißtropfen auf dem Stirntuch des Peplos, eine Zivilisation von Bauernsoldaten; die wahren Künstler, das waren die Griechen; die Römer haben nichts erfunden, sie beherrschten die Kunst der Assimilation, Kleopatra und Marc Antonius gegen Oktavian, noch immer der Orient, immer das orientalische Moment in ihnen auslöschen, gegen diese Faszination für die Leichtigkeit, erster Kapitalismus-Entwurf, labor omnia vincit, die Ringmauern der Stadt errichten, die Mauern, die Kanalisation, das Gesetz, sich vor sich selbst schützen, die Symmetrie, die Ordnung, das Chaos ist gefährlich, man muss die Götter bezähmen, die Tore des Tempels öffnen und schließen, der erste Tag, Begrüßung, Fachleiter, zukünftiger Repetitor, willkommen, füllt die Formulare aus, das Gymnasium, an dem ihr die *Prépa* absolviert habt, Beruf der Eltern, ich warte immer noch auf den Tag, an dem ein Bergarbeitersohn aus Frankreichs Norden in der *Normale Sup* aufgenommen wird. Sie hatte den Kopf gesenkt. Es brachte doch alles nichts. Es gibt kein Problem. Und überhaupt, sie kam nicht aus dem Norden. Schnell drüber hinweggehen, und überhaupt, was hatte das schon zu bedeuten, Bürgersohn oder Niemandssohn, die Arbeiter sind eine abstrakte Kategorie, die Arbeiterklasse wird sich mit der aufgeklärten Avantgarde zusammenschließen. Das ist nicht wichtig. Wir sind alle gleich, Akademiker, Anwälte, Präsidenten, alle ihre Kinder sind hier versammelt, weil sie es geschafft hatten, das ist alles, die Intelligenz an die Macht, das stand fest, so war das. Aber das kam erst mit der Zeit. Schämst du dich nicht, einen Wohngeldzuschuss zu beantragen, wir werden doch bezahlt. Entschuldigung. Entschuldigen Sie. Das wusste ich nicht. Mit der Zeit ist es immer weniger möglich, nicht daran zu denken. Zu Beginn schlief man bei einem Film von Dreyer ein. Traute sich nicht in die Oper. Wann muss man klatschen, zwischen den Szenen oder zwischen den Akten. Das geht Schritt für Schritt. Das schleicht sich ein, ohne dass man es merkt. Und dann, plötzlich, hier, stand es fest, mit einem Mal, endlich. Sie dachte jetzt jeden Tag darüber nach, die ganze Zeit. Ihre Obsession. Alles, was für sie nicht natürlich war, schmerzte sie mehr und mehr. Der Schatten eines Unterschieds, wie ein herber Geschmack im Mund, jedes Mal. Selbst der Stolz tat ihr weh. Das ließ sie nicht mehr los. Der Gedanke an ihre Familie, an die Gewohnheiten und das Leben, die einmal ihr gehört hatten, als Kind, sie waren ihr fremd geworden, undenkbar jetzt, unangemessen. Zwei Leben, das eine für die ihren und das andere für sich selbst. Nichts Psychologisches, nur Soziales. Das ist alles. Alle Tage daran denken, all die Menschen fragen, denen man begegnet, beiläufig, ohne dass sie darauf achten, und jede Befragung bestätigt das Urteil, selbst bei denen, die so tun, als seien sie ein Niemand, man musste nur ein bisschen kratzen, und schließlich fand man immer irgendetwas, ein Onkel ist Mediziner, eine Mutter Anwältin, ein Vater Universitätsprofessor. Selbst die Söhne der Grundschullehrer kamen ihr privilegiert vor, weil sie »dazugehörten«. Vorher hatte sie sich diese Frage so nie gestellt, das hatte in Paris angefangen. Eine einzige, hartnäckige Sorge: Eines Tages könnte es dazu kommen, dass sie ihre Eltern verurteilt. Eines Tages könnte sie diesen Akzent aus Lothringen lächerlich finden, der ihr bislang nie aufgefallen war und den sie wohl übernommen und dann sorgsam überspielt hatte. Eines Tages könnte sie sich wegen ihrer Bildung schämen und in ihrem Beisein nicht mehr davon sprechen, damit sie sich nicht ausgeschlossen fühlen. Immer seltener über das sprechen, womit sie sich beschäftigte, was ihr Spaß machte, die Philosophie, und die anderen auf diese Weise unmerklich ausschließen. Trotzdem waren sie neugierig, stellten Fragen. Brachten sie damit in Verlegenheit. Bewusstsein, Freiheit, Arbeit, Engagement, Entfremdung, Moral, das betraf sie, die anderen, das verkörperten sie, aber alles hing an der Sprache. Gerade weil diese Menschen es verkörperten, wurde die Distanz unerträglich. Diese ins Leere gesprochenen Worte, sie selbst, die sprach und doch niemals etwas mit ihren Händen geleistet, niemals gearbeitet hatte, wie konnte sie über all das zu ihnen sprechen, die dies jeden Tag durchlebten und kämpften. Welches Recht hatte sie dazu. Keins. Unwiderruflich auf die andere Seite gewechselt. Ein Auftrag ohne Wiederkehr. Verraten aus Loyalität gegenüber der Sache, verraten aus Treue, verraten, weil das treue Wesen dieser Menschen einen dazu brachte, sie zu verraten. Es war vorprogrammiert, dass sie ihre eigene Kindheit verraten würde. Verdammter Auftrag, ruhmreich und selbstmörderisch, den ihre Eltern ihr von Anfang an erteilt hatten: erfolgreich sein, studieren. Doppelagent. Janus. Athena, die, von Kopf bis Fuß bewaffnet, dem väterlichen Gehirn entsteigt. Und statt der Naturwissenschaften, des Weltraums oder des Journalismus; was sie für sie ausgesucht hatten, war die Philosophie. Was gab es Schlimmeres. Es gab nichts Wichtigeres und gleichzeitig nichts Fremderes in ihrer Welt als die Philosophie. Gleichzeitig unerreichbar und abgründig unter ihren Füßen, akzeptiert, da uneigennützig und intellektuell, der Geisteshaltung der Bosse diametral entgegengesetzt, antikapitalistisch, so war die Philosophie faszinierend, aber die Philosophen selbst waren für diese Arbeiterwelt unerträglich. Schon das Gespött über die Lehrer des Collège war lebhaft, ihr Kleidungsstil, der Eleganz beharrlich trotzend, ihre Ahnungslosigkeit, was das wahre Leben anbelangt, die Arbeit, vor allem deshalb, weil einige von ihnen einen Besuch in der Mine organisiert hatten, sich nach einer Stunde zufrieden gaben und meinten, es sei ja doch gar nicht so schlimm, unter Tage zu arbeiten. Selbst die intelligentesten

Lehrer konnten sich ein paar sarkastische Bemerkungen kaum verkneifen. Gesunde Pedanterie. Ihr Lebensstil kam allen, die nur einen Volksschulabschluss hatten, nicht nur ziemlich egoistisch, sondern richtig albern vor.

»Mich zog, mich zog es zu den Menschen hin, nun aber gibt die Erde ihre fremde Seele frei.«

Zwei Päpste einander gegenüber

Ihre Silhouette zeichnet sich ab, man würde sie unter Tausenden wiedererkennen: eine steinerne Masse aus Ocker, von dunklem Braun, als hätte man es mit Grau und Schwarz gemischt, um sie noch trister aussehen zu lassen. Und zwei Türme, die sich in den Himmel erheben, in ihrem Aufstieg gewaltsam gebremst durch das Gewicht des Gesteins, die Schwere der Landschaft. Sie hat nichts Leichtes an sich, nichts Luftiges, auch nichts Idyllisches, nichts von diesen kleinen südfranzösischen Kapellen, dem Pilger zufällig auf den Weg gestreut wie Kiesel, die dem Däumling den Weg weisen; kleine Blumen aus hellem Stein, im Einverständnis mit dem Gläubigen, auf ihn zugeschnitten. Nicht vergleichbar mit der Erhabenheit der gotischen Kathedralen der Champagne oder sogar – noch näher gelegen – der fensterreichen Kathedrale von Metz. Hier hat Deutschland Mozart vergessen, und die Architektur erscheint durch und durch germanisch. Streng wie der Calvinismus, erdrückend wie das lokale Patriarchat, steht sie zur Religion wie die Arbeitersiedlung zur Hüttenindustrie. Sie hält Geist und Seele knapp über dem Boden von Lothringen, die Nase im Staub dieser roten, eisenhaltigen

Erde. Eine flache Krone schließt die beiden Zwillingstürme ab. Ein achtzackiger Stern gleich einem Deckel. Nichts erhebt sich, nichts schwingt sich empor: auf ewig wird dieser Kirche die Turmspitze fehlen. In diesem Konkordatsland, das 1905 der Trennung von Staat und Kirche entgangen war, da das Département Moselle zu Deutschland gehörte, fallen diesem die Kirchgelder zu. Die Geistlichen sind verbeamtet, und in den kommunalen Schulen steht der Katechismus auf dem Unterrichtsplan. Natürlich kann man sich befreien lassen. Das ist die Stunde der Freiheit, in der sich muslimische Kinder und Söhne der Kumpel im kleinsten Raum der Grundschule zusammenfinden. Und weil man sich mit irgendetwas beschäftigen muss, lernt man Italienisch … Obwohl Kommunismus und Katholizismus in Lothringen auch ganz gut zusammengehen – 80 Prozent der Bevölkerung sind Italiener. Und, um die Großmütter zu beruhigen, sind einige von ihnen durchaus bereit, mit dem Opium des Volkes Kompromisse einzugehen.

Auf dem Schwarzweißfoto eine lustige Truppe in Schlaghosen, Miniröcken und kniehohen Stiefeln. Ein pausbäckiges Baby in weißem Spitzenkleidchen thront in der Mitte, während sich die Gäste auf den Treppenstufen verteilen, wie nach einer Messe. Es sind jedoch nicht die Stufen der Kirche, sondern die des Rathauses. Das steht in dicken Buchstaben über den Gästen geschrieben. Die Großmutter, die unten neben dem Vater steht, ist deshalb ganz mürrisch. Nimmt nur widerwillig an der heidnischen Zeremonie teil. Wenigstens hat er es nicht auf dem Zechenplatz gemacht … Wo hat er nur diese Idee her. Eine republikanische Taufe, pff … Das war für sie alle das erste Mal. Etwas ganz Neues auf der ersten Seite des Goldenen Buches. Seit 1793 schien sich niemand mehr daran zu erinnern, dass es so etwas gab. Seit hundertachtzig Jahren. Tief in ihrem Innern fragt sich die alte Italienerin, ob all das nicht die Gefahr birgt, dass die kleine Seele womöglich in der Hölle oder zumindest in der Vorhölle endet. Sie, die zwei Kinder verloren hat, meint, man könne mit der Religion nie vorsichtig genug sein. Ihr Sohn ist es, der sich verweigert. Testaccia. Nicht, dass man ihn nicht in die Kirche geschickt hätte, als er klein war, er war sogar Messdiener; weiße Handschuhe zur Kommunion. Doch später, in der Mine, haben es sich seine Kameraden nicht nehmen lassen, ihn an seinen kommunistischen Vater zu erinnern, seinen Vater, der in den Lagern umgekommen war. Zugegebenermaßen hat der Pfarrer ihn gegen sich aufgebracht, als er unablässig wiederholte, er müsse den Herren Respekt erweisen, dem Herrn Direktor und dem Herrn Bürgermeister, sogar dann noch, als der Herr Bürgermeister ihn geohrfeigt und ihn als kleinen dreckigen Itaker beschimpft hatte, weil er auf der Straße gespielt und mit seinem Ball das Kleid von Madame beschmutzt hatte. An diesem Tag hatte er Rache geschworen. Es war kurz nach Kriegsende, und alle wussten, dass diese Kleinen da die Töchter und Söhne der vierzehn deportierten Bergleute waren.

Schon zu seinen Lebzeiten hatte sie die Verantwortung für das geistliche Wohl der ganzen Familie auf sich genommen, das tat sie auch weiterhin. Einige Zeit nach der revolutionären Zeremonie, die sie im Stillen missbilligt hatte, weihte sie ihre jüngste Tochter in eine heimliche Aktion ein, mit der sie das Heil ihrer Enkelin gewährleisten wollte. Man hatte das Kind für einen Tag in ihre Obhut gegeben. Sie hüllten es sorgsam in ein hübsches weißes Laken, das sie mit einem schwarzen Tuch bedeckten. Sie holten den Kinderwagen des schlafenden kleinen Mädchens heraus und taten so, als wollten sie spazieren gehen. Draußen sprachen die Nachbarinnen sie an:

– Guglielma, come stai? E la bambolina, che carina!

– Na, man muss doch die letzten Sonnentage ausnutzen!

Als sie hinter der Kirche angekommen waren, prüften sie die parkenden Autos, um nicht unerwartet mit dem Vater des Kindes zusammenzutreffen, der sich vielleicht gleich nebenan im Rathaus zu einer Besprechung aufhielt. Keines sah nach seinem aus. Jetzt mussten sie nur noch die mitten auf der Grand-Rue gelegene Kirche betreten, ohne erkannt zu werden. Eine kleine Seitentür stand offen, und sie gingen hinein. Einmal dort, im Innern der Kirche, hieß es leise sein; auf keinen Fall durfte der Pfarrer ihre List bemerken und daraus Genugtuung ziehen gegenüber ihrem kommunistischen Sohn, seit kurzem erster stellvertretender Bürgermeister. Das könnte für Heiterkeit sorgen, und sie wollten gern die Seele der Kleinen retten, ohne dabei den Ruf des Vaters aufs Spiel zu setzen. Zum Glück war die Kirche leer. Und so wickelten sie das Baby schnell aus dem schwarzen Tuch und gingen mit ihm zum Taufbecken. Nach einem Vaterunser und einigen Gebeten auf

Italienisch, die das arme Mädchen nicht konnte, nahm die Nonna das heilige Wasser, benetzte damit die Stirn der Enkelin und zeichnete ein Kreuz darauf, Wegzehrung zum Paradies. Die Zeremonie endete mit einer Kniebeuge, und diese kleine Gesellschaft verließ vorsichtig, aber beruhigt, die Kirche.

Diese fromme Eskapade wurde lange Zeit geheim gehalten, bis sich die große Schwester eines Tages nicht mehr daran gebunden fühlte und ihrem Bruder die Verschwörung mütterlicherseits gestand. Er zeigte sich ein wenig beleidigt, aus Prinzip, aber spottete vor allem zärtlich über seine Mutter und ihre Ticks.

Er war es übrigens, der ihr jedes Jahr Bescheid sagte, wann die Pilgerfahrt nach Lourdes anstand, und prompt bat sie eine der Gläubigen, ihr eine Flasche Weihwasser mitzubringen. Prompt brachte ihr diese eine Marienfigur aus weißem Plastik mit, darin das heilige Elixier, gekrönt von einem blauen Heiligenschein als Verschluss. Und prompt wurde der Enkel in den darauffolgenden Tagen an seiner kranken Hüfte mit Weihwasser gesalbt – einige ihrer Freundinnen, so sagte man, gingen so weit, die Aknepickel ihrer vorpubertären Enkel damit zu besprengen …

Sie selbst wagte es nicht, begnügte sich damit, jedem Familienmitglied als Segens- und Schutzgeste einen Heiligen oder Papst zuzuordnen, mithilfe von aufgestellten Fotografien, gemäß einer für immer rätselhaft anmutenden Ordnung und Logik. So war in ihrem Kleiderschrank ungeschickterweise das Foto des kranken Enkels mit dem Foto von Johannes Paul II. verkoppelt, dem neuen Pontifex, zwangsläufig mächtiger und wirkungsvoller, da Zeitgenosse. Der gottlose Sohn stützte sich auf den unerschütterlichen Glauben von Paul VI. Der wenig orthodox getauften Enkelin wiederum wurde Johannes XXIII. zum Schutzpatron bestellt. Da die Familie zahlreich und die Fotografie im Vergleich zur Langlebigkeit der Päpste noch eine recht junge Kunst war, kam man nicht umhin, den unbeliebtesten Mitgliedern der großen Sippschaft andere fromme Bilder, solche von Heiligen und Engeln, zuzuordnen. Pius XII. stand auf dem Index, aber gewisse Bilder von Innozenz III. schienen dem Zahn der Zeit widerstanden zu haben und beschützten das Foto des Ehemannes, eingezwängt in der Vitrine des Wohnzimmerbüfetts zwischen der oben beschriebenen Jungfrau aus Lourdes und einem Kaffeeservice mit dem Bildnis Napoleons, das die Nonna von einer durch die Betriebskrankenkasse der Mine organisierten Korsika-Reise mitgebracht hatte.

Heutzutage verreiste sie nicht mehr, aber als sie jünger war schon, sie begleitete ihre Kinder jedes Jahr nach Italien. Sie besuchten ihre Cousins, die in der Heimat geblieben waren. Diese alljährliche Wallfahrt verlief immer gleich: derselbe Strand an der Adriaküste, dieselbe Familienpension, außer wenn die vier wiedervereinten Kinder gemeinsam ein Haus mieteten, und mehr oder weniger die gleichen Liegestühle, weil es dort als unschicklich empfunden wird, wenn man sein Handtuch direkt auf den öffentlichen Sandstrand legt. Mit der Bagnina, die die Sonnenschirme verteilt, hat sie sich genauso angefreundet wie mit dem Hotelbesitzer. Jedes Jahr die Herdenwanderung, und im August begeben sich Villerupt und Audun nach Rimini oder Cattolica. Ebenfalls jedes Jahr werden die Ferien von einem Ausflug nach Gualdo Tadino, nach Gubbio, unterbrochen, die Herkunftsorte, der Ursprungsschoß, im Landesinneren. Dann gibt es Ess- und Trinkgelage, die Rückkehr der verlorenen Söhne in die Heimat. Und doch beneiden die Italiener sie nicht. In ihren Augen ist das sibirische Frankreich kalt und hässlich, und sie haben nicht ganz unrecht. Auch wenn die Emigranten in den sechziger Jahren mit Geschenken beladen zurückkommen: Zucker, Schokoladentafeln, während dort die Toiletten hinten im Garten thronen, das ist immerhin Italien und nicht die Höhle einer Mine. Man betrachtet die, die fortgehen mussten, mit wohlwollendem Mitleid. Um eine gute Figur zu machen, stoppen i Francesi nach fünfzehn Stunden Autofahrt – zu fünft oder sechst in einer Citroën Dyane (ein Kind hinten im Auto auf einer Decke am Boden, das andere in einer Hängematte über der Rückbank) – wenige Kilometer vor dem Ziel auf einem Parkplatz, ziehen sich hastig um und putzen sich mit ihrem schönsten Sonntagsstaat heraus: Anzug, Krawatte, elegantes Kleid. Eines Tages bemerkte der Pedantischste unter den Cousins, nachdem er sich Hemd, Krawatte, Jacke, Socken und Lederschuhe übergestreift hatte, dass das Stück marineblauer Stoff, das er bei der Abfahrt in Villerupt für seine Anzughose gehalten hatte, in Wirklichkeit seiner Frau gehörte. Nachdem er sie gefragt hatte: »Das kann doch nicht sein, was hast du mit meiner Hose gemacht?«, musste er sich den Tatsachen stellen. Die Verkäufer des großen Bekleidungsgeschäftes sind immer noch nicht über diesen Franzosen hinweg, der, wie für eine Hochzeit ausstaffiert, aber in gestreifter Unterhose und auf Socken, durch die Regalreihen lief.

Bei ihrer Ankunft schworen sie stets, nicht lange bleiben zu wollen und nur vorbeizuschauen, Hallo zu sagen, einen Kaffee zu trinken, bevor sie den Rückweg antraten (bis zu dem Tag, als seine Frau erneut ausrief, nein, sie würden nicht länger bleiben, sie hätten keine Zeit, müssten am nächsten Tag wieder arbeiten, ihr Mann mit ihren zwei riesigen Koffern ankam und fragte: in welches Zimmer soll ich sie stellen?). Und schließlich finden sich alle bei Tisch vor einem Grießgericht wieder, einer Polenta, aus Maismehl, gelb, mit Tomatensoße und Fleisch gekocht, auf einem großen Holzbrett ausgebreitet, wo sich jeder, mit einem Löffel bewaffnet, den Spaß machte, die Karte von Italien nachzuzeichnen. Man aß, bis man nicht mehr konnte, die Italiener sind tatsächlich gute Gastgeber, und diese hier waren darüber hinaus sehr motiviert von den unvergesslichen Erinnerungen und dem Eindruck blühenden Wohlstands, den sie bei ihren französischen Cousins hinterlassen wollten.

Die Linie

Er hatte sich immer geweigert, Parteifunktionär zu werden. Vielleicht weil sie es ihm auch nicht allzu oft vorgeschlagen hatten, da sie ja seine Unbelehrbarkeit und seine Unabhängigkeit gegenüber den Weisungen von oben kannten.

Er schwor allein auf die Basis, auf die demokratischen Wahlen, bei denen er oft siegreich gewesen war. Erst Gewerkschaftsvertreter der Bergarbeiter, dann Stadtrat, stellvertretender Bürgermeister, dann erster Stellvertreter. Eines Tages Conseiller général. Schließlich Bürgermeister.

Sagte die Parteiführung ›schwarz‹, dann sagten auch die Funktionäre ›schwarz‹, selbst wenn sie rot oder grau sahen. Er musste dann die Verbindung »zur Basis« herstellen, die Weisungen der Partei bezüglich dieser oder jener Frage erklären, manchmal auch gegen seine eigene Überzeugung. Manchmal musste er auch die Wut der Kameraden besänftigen, die, unter Tage oder im Werk, tagtäglich die schlechte Laune derer ertrugen, die sich als Chef aufspielten, und diejenige der großen Bosse selbst, denn die Partei hatte schon bessere Zeiten erlebt. Im Mai ’68 hatten alle Kumpel die Arbeit niedergelegt, waren in einen großen Freudentaumel verfallen: Endlich würde man das unverhoffte Bündnis von Arbeitern und Studenten erleben. Aber Marchais hatte schlecht reagiert. Er war mit stärkerem Arbeiterhabitus aufgetreten als die Arbeiter selbst, und viele bedauerten dies noch Jahre später, trotz des Grenelle-Abkommens, und das war nicht nichts. Es hatte Lohnerhöhungen, riesige Fortschritte gegeben, aber das konnte den bitteren Beigeschmack nicht nehmen. Etwas war passiert. Oder aber man hatte etwas verpasst.

Im Pays-Haut hatte es zahlreiche Versammlungen gegeben, und ein Bergmann war bei den Demonstrationen verhaftet worden. Als Italiener hatte er von den Behörden just in dem Moment eine Ausweisungsverfügung erhalten, als die Rechte im Oktober '68 gestärkt aus den Wahlen hervorging. Störung der öffentlichen Ordnung im vergangenen Mai. Die ganze Stadt hatte sich daraufhin erhoben und seine Abreise verhindert. Gerade hatte der Bürgermeister seine Rede beendet, jetzt war der junge erste Stellvertreter an der Reihe. Die Menschen drängten sich um das kleine Podium. Der Himmel war grau, natürlich, aber es regnete nicht, und man brauchte draußen weder Jacke noch Pullover … Auf der Bühne musste er reden, so lange reden, bis er nicht mehr wusste, wie er die Wellen der Vivat-Rufe, die aus der Menge aufstiegen, stoppen sollte. Sein Blick war trüb vor Zorn. Wer war dieser Bergmann, sein Blutsbruder, sein Exilbruder, sein Leidensgenosse. Wer war er, wenn nicht ein Bergmann wie er selbst, Italiener und Kommunist wie er selbst. Was hatte er Frankreich angetan, dass das Land sich seiner mit einem schmutzigen Hackentrick entledigte. Er stand dort, auf der Bühne, die Trikolore um die Brust wie ein Schutzschild. Er sollte für Roland Rutili sprechen, den italienischen Bergmann, dem die Ausweisung drohte. Für Mario Rutili, seinen Vater, seinen Vater, der, auch er, am 3. Februar 1944 verhaftet worden war, tief unten in der Mine von Audun-le-Tiche. Einer der vierzehn. Sprechen, um Roland zu verteidigen, aber auch das Andenken an Mario und das seines eigenen, im gleichen Schicksal gefangenen Vaters. Ihre Väter, zusammen verhaftet und gefoltert, vor vierundzwanzig Jahren, tief unten in der gleichen Mine, ihre Väter, gleichzeitig deportiert und gestorben, in den deutschen Konzentrationslagern, der eine in Bergen-Belsen, der andere in Dachau, ihre italienischen Bergarbeiterväter, für Frankreich gestorben, zusammen, für immer erstarrt, die Hände in Handschellen auf den Schultern des anderen. Rolands Mutter war nach dem Verschwinden ihres Mannes krank geworden, vor Schmerz und vor Ohnmacht. Und dieser Sohn war es, den man heute auswies. Er bebte vor Wut. Er griff nach dem Mikrophon und atmete tief durch. Seine Stimme war rau, tief, voller Eisenstaub.

Meine lieben Kameraden, gestern Abend ist Roland Rutili verhaftet worden. Genau hier, unter euch. Verhaftet, weil er im Mai auf der Straße demonstriert hat wie ihr, um die Solidarität der Arbeiter mit der Studentenbewegung zu bekunden. Weil er gegen die Arbeitsbedingungen in unseren Minen und Werken protestiert hat. Sie haben ihn verhaftet, weil er Italiener ist, aber sie hätten euch alle verhaftet, wenn sie gekonnt hätten. Wie lange sollen wir diese Unterdrückung noch erdulden, von der die Besitzenden auf Kosten der Arbeiterklasse profitieren? Schließen wir uns den Studenten an. Auch wenn wir nicht studiert haben, weil wir nicht die Möglichkeit dazu hatten. Wir müssen kämpfen, damit unsere Kinder morgen in einer besseren Welt leben, damit unsere Kinder morgen zur Universität gehen, unter besten Bedingungen, wie die Söhne der großen Bosse. Die Stunde ist gekommen, Kameraden! Heute ist für uns die Stunde gekommen, die Arbeit niederzulegen, die Arbeit, die uns auslaugt und uns umbringt, um diejenigen zu bereichern, die die Produktionsmittel besitzen. Man muss die Produktionsmittel verstaatlichen und die Arbeit den Arbeitern zurückgeben! Man muss die Minen und die Stahlhütten verstaatlichen! Das ist es, was Angst macht, weil wir in der Überzahl sind, wir sind die Kraft, und sie, sie sind in der Minderheit und beuten uns aus. Also entledigen sie sich derer, die ihnen im Weg stehen und auf die sie Zugriff haben, wie auf Roland Rutili. Worin besteht sein Vergehen? Darin, einer von uns zu sein! Befreit Roland Rutili! Befreit Roland Rutili!

Alle waren aufgestanden. Man hörte Rufe, anfeuernde, zustimmende Rufe, aber vor allem glückselige. Ungeheure Rufe vor Freude und Glück, die die Menge in Begeisterung versetzten. Die Leute lachten. Die Hoffnung riss sie mit und führte sie zusammen, alle, einmal mehr. Das Glück, zu wissen, dass sie in ihrem Leid und in ihrer Trauer nicht alleine waren, tief unten in den Stollen oder am Hochofen, und sie alle zusammen handeln konnten. Es war also keine Schande, ein Arbeiter zu sein. Morgens um fünf Uhr aufstehen, um sechs an seinem Posten sein, in dem feuchten Aufzug hinabfahren, es ist kalt, der Blick noch matt, schläfrig, und wie ein Maulwurf einmal mehr in die Erde hinabtauchen, hatten sie ein Mal, nur ein einziges Mal, keine Angst, als sie hinabstiegen, dass es das letzte Mal sein könnte, und dann acht Stunden lang dem Innern der Erde das Erz entreißen und, natürlich, am Ende seinen Kindern das gleiche Leben vermachen, das man von seinem Vater geerbt hatte. Aber da, nein, war die Freiheit in Sicht, die wahre Freiheit, die Freiheit, sein Leben selbst zu bestimmen. Sein Leben zu ändern, morgen, eines Tages. Etwas anderes auszuprobieren, respektiert zu werden als Mensch, nicht als Arbeitstier. Und auch die Frauen lachten, sie erahnten die Tür, die sich vor ihnen öffnete, das Ende der Versklavung, nicht der häuslichen, sondern der sozialen, denn wer würde die Kinder hüten, wenn die Männer unter Tage sind, wer würde sie einstellen, wenn nicht als Sekretärinnen oder Verkäuferinnen, aber, einmal verheiratet, war es unmöglich, vorbei, ein junges Mädchen zu sein ist eine notwendige Voraussetzung, nicht immer ist eine Großmutter verfügbar, und dann würde sie nicht verstehen, dass sich ihre Tochter der Kleinen entledigen will, um arbeiten zu gehen und was zu verdienen, was denn schon, komm, gerade mal genug, um sich zwei, drei Kleider zu kaufen. Kein Platz für Frauen. Und da, bei diesen Reden, die Frauen, die Entscheidungsfreiheit, für die Arbeit, für die Kinder, sie wussten nicht wirklich, was sie daraus machen wollten, aus dieser ganz neu erlangten Freiheit, aber sie wussten, was sie nicht mehr wollten, und sie wussten, dass sie gerade ihnen zufiel, nach so vielen

Jahrhunderten, diese schwere und wundervolle Aufgabe, die Ersten zu sein.

Eine von ihnen stand da, inmitten der Menge, in weißen, kniehohen Stiefeln und rotem Minirock. Die braunen Haare kurzgeschnitten. Sie teilte sich eine Schachtel Zigaretten mit ihrer Freundin, einer Italienerin mit dichten schwarzen Haaren, in der er seine Cousine wiedererkannte. Sie waren jung, und sie stimmten in den Gesang ein, der aus der Menge aufstieg, kraftvoll wie ein Meer.

|: Völker, hört die Signale!
Auf zum letzten Gefecht!
Die Internationale
erkämpft das Menschenrecht. :|

Wacht auf, Verdammte dieser Erde,
die stets man noch zum Hungern zwingt!
Das Recht wie Glut im Kraterherde
nun mit Macht zum Durchbruch dringt.

Reinen Tisch macht mit dem Bedränger!
Heer der Sklaven, wache auf!
Ein Nichts zu sein, tragt es nicht länger
Alles zu werden, strömt zuhauf!

Dieses Lied trug sie mit sich fort in ein namenloses Anderswo, das nicht unbedingt im Osten lag. Natürlich wiederholten auch die Parteifunktionäre die Strophen, auswendig, aber dieses Lied, das galt ihnen, den Niemandssöhnen, den

Parteimitgliedern. Sie vergaßen die Zweifel, die Kröten, die sie geschluckt hatten, es gab nichts mehr außer dieser verrückten Hoffnung, berauschend und beruhigend zugleich. Die UdSSR war weit weg. Man musste singen, singen, um Prag zu vergessen, die russischen Panzer und Dubčeks Tränen. Diese verrückte Hoffnung auf eine sanfte Revolution. Diese Unruhe und das Unverständnis vergessen. Wie war dieses Eingreifen zu rechtfertigen? Was würde das Zentralkomitee sagen? Man musste es natürlich verurteilen, wie die Kommunistische Partei Italiens es tat. Man träumte davon, man wagte nicht, darauf zu hoffen. Einige versteckten sich hinter ihrer Herkunft, um die Position der Kommunistischen Partei Italiens für sich zu beanspruchen. Die hatte es verurteilt. Berlinguers Partei schien viel verlockender zu sein, sie, die schon immer ihre Distanz zu Moskau zu wahren gewusst hatte. Aber gut, man war in Frankreich, und wenn die Partei beschlossen hatte, dass nichts gesagt werden solle, dann musste sie ihre Gründe dafür haben. Ein Telefonanruf folgte auf den nächsten:

Und, was gibt es Neues? Was sagt die Partei?

Aber was sollen wir den Kameraden sagen?

Also, was ist jetzt die Linie?

Schließlich brachte die Partei ihre Ablehnung spontan zum Ausdruck, doch sehr schnell verfasste man eine zweite Mitteilung, die die sowjetische Invasion »missbilligte«. Also konnte man Vorbehalte äußern, jedoch nur untereinander, in Versammlungen hinter verschlossenen Türen, um weder die »Feinde der Partei« frohlocken zu lassen noch ihnen die Chance zu geben, die Zweifel und die Fragen der Mitglieder gegen die Partei zu verwenden. Man musste sich an die Linie halten. Wer nicht für uns ist, ist gegen uns ... Die Linie der Partei. Man schluckte die Kröten und kämpfte weiter. Seit '56, Ungarn, und dann dem Chruschtschow-Bericht, der Entstalinisierung, kamen langsam Zweifel auf. Chruschtschow hatte einen Hauch Hoffnung geweckt, der schnell verflog, niemand hatte es gewagt, mit dem Schuh in den Ameisenhaufen zu treten. Im Gegenteil, alle fragten sich, wie weit er gehen würde und ob er die Kommunistische Partei Frankreichs und ihr Zentralkomitee nicht mit sich in den Abgrund reißen würde.

In der Nacht träumte er von einem langen Stollen, dunkel, kalt, und am Boden eine weiße Linie, leuchtend, man folgte, ging der Linie nach und schritt voran, immer zahlreicher, unbeirrt geradeaus, doch plötzlich entzog sich die Linie, verschwand, sie schlingerte und stahl sich fort, nach links, nach rechts, wurde immer wieder unterbrochen, es war nur noch ein Gekritzel am Boden, grell, und die Kameraden neben einem riefen um Hilfe, schrien, verloren sich im Dunkel, und man hörte die Stimmen derer, die sich für immer verirrten, von der Dunkelheit verschluckt wie vom gurgelnden Zweifel.

Präfektur des Départements Moselle
Direktion der Generalverwaltung
Erstes Büro
Generalverwaltung
AM/DS

<u>ERLASS</u>
Der Präfekt der Region Lothringen,
Präfekt des Départements Moselle,
Kommandeur der Ehrenlegion,

GEMÄSS des Kommunalrechts, insbesondere des Artikels 68;

IN ANBETRACHT DESSEN, dass Monsieur Angel F., Erster Zusätzlicher Stellvertreter der Gemeinde AUDUN-LE-TICHE, sich am 15. Oktober 1968 an die vor dem Haus von Monsieur Roland RUTILI versammelten Einwohner gewandt hat, den ein auf den 10. September 1968 datierter

Erlass des Herrn Innenministers betrifft, der ihm einen Aufenthaltsort im Département Puy-de-Dôme zugewiesen hat, und dass er die Bevölkerung aufgefordert hat, jedweden Alarm durch Glockengeläut oder Sirenen zum Anlass zu nehmen, sich mit allen Mitteln gegen den Vollzug der bezüglich dieses Fremden beschlossenen Maßnahme zu wehren;

IN ANBETRACHT DESSEN, dass er dieselben Äußerungen am 20. Oktober 1968 im Rahmen einer öffentlichen Versammlung im Kulturzentrum von AUDUN-LE-TICHE vorgetragen hat;

IN ANBETRACHT DESSEN, dass er, im Wissen um die Anwesenheit von Ordnungskräften, am 21. Oktober 1968 zwischen 16 Uhr und 16 Uhr 15 versucht hat, im Rathaus den Feueralarm auszulösen und dass ihn nur das Eingreifen des diensthabenden Offiziers des örtlichen Feuerwehrkorps davon abhalten konnte;

IN ANBETRACHT DESSEN, dass Monsieur Angel F. am 23. Oktober 1968 in einem Brief dazu aufgefordert wurde, eine schriftliche Erklärung zu seinem Verhalten in der Affäre Roland RUTILI abzugeben;

ergeht folgender ERLASS

Artikel 1 - Monsieur Angel F. - Erster Zusätzlicher Stellvertreter der Gemeinde AUDUN-LE-TICHE - wird von seinen Funktionen als Stellvertreter dieser Gemeinde für eine Dauer von zwei Wochen ab Zustellung des vorliegenden Erlasses suspendiert.

Artikel 2 - Der Landrat von THIONVILLE wird mit dem Vollzug des vorliegenden Erlasses beauftragt, dessen Zweitausfertigung Monsieur Angel F. zugestellt und der in den amtlichen Bekanntmachungen des Départements veröffentlicht werden wird.

METZ, 20. NOVEMBER 1968
Der Präfekt

Gezeichnet: Pierre DUPUCH

Eiserne Ladys

Luxemburg war die Heimat einer *Jeunesse dorée.* Die Mutter, eine kräftige, rüstige Person von einem Meter fünfundsiebzig, eine lebensvolle Italienerin vom Schlage eines Pantagruel, führte ihr Bistro und die monatsweise zu mietenden Zimmer mit starker Hand. Tag für Tag streifte sie sich ihre große weiße Schürze über und bereitete Lasagne, Gnocchi und Capelletti für ihre Mieter zu. Junggesellen, die Italien den Rücken gekehrt hatten, um im Bergwerk zu arbeiten. In dem schönen Gebäude in der Grand-Rue von Esch-sur-Alzette – damals noch nicht in Boulevard Kennedy umgetauft –, das sie im Lauf der Jahre Zimmer für Zimmer aufgekauft hatte, wurde nur Italienisch gesprochen. Außer bei den drei Töchtern, die Anfang des Jahrhunderts dort geboren worden waren und außerdem noch Deutsch und den Luxemburger Dialekt sprachen. Die Älteste heiratete einen Einheimischen, von dem sie drei Söhne bekam. Als Deutschland Polen überfiel und dann Luxemburg dem Großdeutschen Reich einverleibte, waren sie zwischen neunzehn und zweiundzwanzig Jahre alt. Wie die Malgré-nous aus dem Elsass und dem Moselgebiet waren auch sie von der Wehrmacht zwangsrekrutiert worden. Alle drei. Man bot ihrem Vater an, ihnen eine Durchfahrtserlaubnis zu kaufen, um desertieren und sich nach Amerika absetzen zu können. Er lehnte ab, sei es aus Knauserigkeit, Angst oder aus Überzeugung. Alle drei zogen 1941 an die russische Front. Und blieben dort.

Die jüngste Tochter hatte sich mit achtzehn Jahren in einen italienischen Bergmann verguckt, der in Frankreich lebte. Er hochgewachsen, sie winzig klein, er war ein Schönredner und frequentierte ausgiebig das familieneigene Bistro. Die Mutter hatte Lunte gerochen: ein Bergmann ohne Familie, ohne einen Pfennig Geld, der in Bistros herumhängt, siehst du nicht, wie weit wir es dank unserer Arbeit gebracht haben, Urlaub in Italien, zur Kur nach Remich, mit all dem ist es dann vorbei, du begleitest mich ja dorthin, du hast gesehen, wie sich die Damen dort anziehen und herausputzen, und hier in der Kirche ist für uns eine Bank reserviert. Das alles kannst du abhaken, wenn du ihn heiratest, er ist ein Nichtsnutz, dieser Bolschewik, gerade gut genug, um in Cafés herumzulungern, das alles ist aus und vorbei, du wirst in Frankreich leben, bei diesen schmuddeligen Leuten in den Wohnsiedlungen. Ist es das, was du willst?

Das war es, was sie wollte. Sie floh mitten in der Nacht aus dem Elternhaus und zog zu ihrem Italiener. 1922 war sie zwanzig Jahre alt. Die Hochzeit wurde in Audun-le-Tiche gefeiert, und sechs Monate später wurde Angelo geboren, ein kleiner, zarter Junge. Mit der Großmutter des

Kindes war sie zerstritten, und sie gewöhnte sich mehr schlecht als recht in Frankreich ein. Als gebürtige Luxemburgerin hatte sie ihr Leben lang Sehnsucht nach dem drei Kilometer entfernt liegenden Land jenseits des zum Bergwerk gehörigen Aquädukts, und sie sprach stets mit einem starken Akzent Französisch, der kaum etwas Transalpines hatte.

Und dann, als der Kleine achtzehn Monate später starb, traf sie ihre Mutter wieder, die ihr anbot, sich um das zweite Kind zu kümmern, eine Tochter, Regina, die Königin. Spitzname Lina. Und so wuchs Lina zwischen der Schürze ihrer Großmutter, den Koffern der Mieter und ihrer jüngsten Tante auf, die sich ihre Hüte und Kleider in Paris maßschneidern ließ, eine feine, etwas verrückte Dame, noch unverheiratet, mit dreißig Jahren … Am Tag von Linas Kommunion trat sie auf den Balkon, herausgeputzt wie eine Prinzessin, mit einem ausladenden weißen Hut, und begann, den Kindern auf der Straße Bonbons zuzuwerfen wie den Tauben Brotkrumen. Ein riesiger schwarzer Wagen wartete vor dem Café-Restaurant auf sie, der Wagen des Notars. Alle hatten die Augen auf Yolanda dort oben gerichtet, doch als sie anfing, kleine Münzen hinabzuwerfen, ging der Notar sie holen.

Der Pfarrer empfing sie würdevoll, obwohl der Vater mit seinen drei Brüdern in einer Ecke vor sich hin grummelte, das sei alles rausgeworfenes Geld, für die Pfaffen. Die beiden kleinen Brüder, Angelo der Zweite und Alvio, der gerade laufen lernte, folgten ihrer älteren Schwester. Sie wagten nicht, sich dem üppigen Hinterteil ihrer Großmutter zu nähern. Diese trug einen riesengroßen, mit Federn besetzten Hut, der sie enorm beeindruckte. Sie fürchteten, dieser große Vogel könne am Ende der Messe auf- und davonfliegen.

Die Menschheit

Die Schornsteine des Bergwerks tief unten im Tal ragten empor wie zwei in den Boden gerammte braune Zigaretten. Die Gebäude daneben wie aus Metall errichtete Lagerhallen. Das Erdreich rundherum ist rot gefärbt und von Grünstreifen durchzogen, in der Mitte der Wege ein paar Bäume, die sich hinaufschlängeln bis zum Tagebau. Das ist Micheville. Micheville ist seit Jahren tot. Die Wege führen ins Nirgendwo, hinterlassen bloß Streifen in der Landschaft, keine Maschine, kein Transporter benutzt sie mehr. Dort steht das Werk, schwankend, aber noch aufrecht, ein Riese, geschrumpft, hingekauert. Es taumelt. Rostet vor sich hin. Thront dort, unnütz und lächerlich. Wird bald abgerissen. Das alte Stahlmonster macht den Menschen keine Angst mehr. Diejenigen, die um all jene trauerten, die darin umgekommen waren, diejenigen, die fürchteten, im Bauch des Eisens zu enden, verschlungen, verdaut zu werden, sie haben es mit angesehen, das Ende der Maschine, den Todeskampf und den Tod der Maschine, die seit einem Jahrhundert die ganze Menschheit in der Region in Schach hielt. Micheville ist tot. Micheville ist gestorben.

Menschen kommen und zerteilen nach und nach den

großen Körper. Stücke werden herausgerissen. Seltsame, nie gesehene Formen tauchen aus den vertrauten Umrissen auf: Auf der einen Seite stürzt das Dach ein und schwebt über der Leere, wochenlang, monatelang. Wie ein Mann, dessen Arm man abfaulen lässt, bevor man ihn amputiert. Sehen Sie, das war trotz allem nicht so schlimm, bloß Beton und Blech – und deswegen haben Sie gezittert wie junge Vögel. Über Monate hinweg den Todeskampf des Werks betrachten. Zuletzt werden die beiden Schornsteine fallen, und an diesem Tag wohnen hunderte Familien wie versteinert der finalen Explosion bei. Ein dumpfes, schweres Geräusch, nicht so ein metallisches, wie es, einem Warnschuss gleich, aus dem Walzwerk kam. Nicht so ein Kanonenknall, wie man ihn manchmal tagsüber hörte, aber auch mitten in der Nacht, als ob jemand in der Küche nebenan das Backblech hätte fallen lassen, und man sagte sich, während man wieder einschlief, dass das ganze Tal dasselbe Geräusch gehört hatte, das war wie ein Haus, dessen Hausmeister Wache hielten, dort, gegenüber, nachts, im Werk. Sie machten Lärm, aber man verzieh es ihnen. Man schlief beruhigt weiter. Beim Aufwachen war es schon wieder vergessen. Manchmal, mitten am Nachmittag, mit dem Kopf bei einer Übung, auf der Schulbank, in ihrem Lauf auf dem Sportplatz unterbrochen, erstarrten die Kinder plötzlich, als sie schepperndes Getöse vernahmen, und es war, als ob ihre Väter sie zur Vernunft riefen, ihnen sagten Achtung, wir sind nie wirklich weit weg, seht, unsere Kraft, dieses Grollen kommt nicht vom Himmel, sondern aus der Erde, aus dem Innern des Bergwerks. Man stellte sich die Intensität des Geräusches vor, das ihnen die Ohren zerreißen musste, wenn man es draußen so gut hören konnte, und man verstand nicht, woher es kam. Was konnte nur einen derartigen Widerhall verursachen. Man konnte nie genau vorhersagen, wann es so weit sein würde. Die im Innern schon. Es kam vor, dass die Stille wochenlang anhielt, so dass man das Geräusch vergaß, und wenn es von Neuem das tägliche Surren durchbrach, war es ein Erkennungszeichen für das ganze Tal. Die Männer im Innern hatten die Macht, den Donner grollen zu lassen. Nachts sah man hinter den Werksfenstern die Funken sprühen, und der Himmel färbte sich rot. Auf der Autobahn in der Höhe von Hayange stand ein Schild mit der Aufschrift »Stranggießen«. Mitten in der Nacht war der Himmel nicht rot, sondern mauvefarben, rosa oder grün. Und die schmale, dunkle Silhouette des Hochofens beherrschte den Himmel, sie war das hellste unserer Nordlichter.

Die Zwangsheirat

Mitten in der Nacht hatte sie die deutsche Grenze passiert, allein. Schlimmer als die Demarkationslinie war diese neue Grenze des Großdeutschen Reiches zwischen dem jüngst annektierten Moselgebiet und dem besetzten Frankreich, zwischen Audun-le-Tiche und Villerupt. Sie hatte den Wald durchquert, rannte vorwärts, verzweifelt, als plötzlich eine Patrouille rief: Halt! Wer da? Sie zuckte zusammen. Die französische Polizei nahm sie fest. Papiere. Sie hatte ihren italienischen Ausweis, in dem stand, dass sie in Luxemburg lebte. Was tun Sie hier mitten in der Nacht? Sie war sehr gut angezogen, zu gut sogar, ihre feinen Schuhe versanken im feuchten Lehm und im Moos. Und dabei hatte sie schon die schlichtesten gewählt, aber sie hatte es sich nicht verkneifen können, sich ein bisschen zu schminken, Rouge, Puder. Sie haben die Grenze von Ländern im Kriegszustand überschritten, wir betrachten Sie als Spionin. Nein, nein, es geht um meinen Verlobten, meinen Verlobten, er lebt auf der anderen Seite, in Crusnes, wir werden heiraten, deshalb wollte ich zu ihm, verstehen Sie. Sie sprach rasend schnell, so, so würde es klappen, sie würden ihn holen gehen, und er, sie kannte ihn, er war so lieb, er würde sie nicht diesen Leuten überlassen, um nichts in der Welt, selbst wenn es ihn Überwindung kostete. Wie ist der Name Ihres Verlobten. Mario. Mario. Er ist auch Italiener. Er ist Bergmann, wohnt in Crusnes. Sie gingen ihn holen, um herauszufinden, ob es stimmte. Es stimmte nicht. Morgens um drei klingelten sie bei ihm, er dachte, alles sei verloren, das war's, die kamen seinetwegen, die faschistischen Truppen waren ihm auf die Spur gekommen, aber nein, vor ihm stand die französische Polizei. Kennen Sie diese Frau? Ja, natürlich, sie ist meine Schwägerin, Yolanda. Sie zitterte. Sie wurde heute Nacht gefasst, als sie die Grenze überquerte, sie behauptet, Sie wollen heiraten. Er zögerte keine Sekunde. Ja, ja, das stimmt, wir haben uns ein bisschen gestritten, aber ja, ja, das stimmt. Eins von beidem, entweder heiraten Sie diese Frau, oder sie hat gelogen, und wir nehmen sie fest. Nein, ich sage Ihnen doch, sie ist meine Verlobte, wir werden heiraten, sie bleibt heute Nacht hier. Sie hätte das niemals tun dürfen, aber Sie verstehen, wir hatten uns gestritten …

Ihre Augen leuchteten vor Dankbarkeit und Liebe, sie war sich sicher gewesen, dass er sie nicht fallen lassen würde, und schließlich fand alles ein gutes Ende, Übermut blitzte tief in ihren dunklen Augen auf. Er legte vor den Polizisten seinen Arm um ihre Schulter, Yolanda, warum hast du das getan, konntest du nicht warten, nein? Mà sei pazza, tu?

Am nächsten Morgen war die ganze Familie in heller Aufregung. Die Polizisten würden auf der Hut sein, sie würden sie nicht gehen lassen, bevor die Heirat nicht vollzogen war. Es musste schnell gehen. Die Zeremonie fand auf dem Polizeirevier statt. Der Bruder des Bräutigams und die Schwester der Braut waren Trauzeugen. So heirateten die beiden Brüder die beiden Schwestern, im Abstand von zwanzig Jahren. Mario war etwas brummig, ließ es sich aber kaum anmerken. Sie war glücklich. Konnte nicht ahnen, dass der Krieg die zwei jungen Frauen zu Witwen und ihre Schwester zur Mutter dreier Vermisster machen würde.

Die *Pièce montée*

An diesem Tag hatten sie sich kennengelernt, am Tag der Versammlung, am Fuß der Tribüne. Sie kam, um ihn zu seiner Rede zu beglückwünschen, und er fragte seinen Stellvertreter, wer diese junge Frau sei, die Freundin seiner Cousine. Sie war nicht von hier. Sie stammte aus den Ardennen, irgendwo von dort. Arbeitete nach ihrer Ausbildung zur Stenotypistin in Longwy als Sekretärin im Collège.

Tatsächlich war es ihr Bruder gewesen, der sie in diese Region gelockt hatte, die sie eigentlich nicht mochte. Mit sechzehn war er als Lehrling nach Longwy gegangen, weil es dort Arbeit gab und es nicht weit von Sedan entfernt war. Als Lehrling wurde man bezahlt, das ersetzte den Lohn des Vaters. Der war im Krieg gefallen, die Kinder waren zwei und fünf Jahre alt. Er war vor ein paar Jahren aus dem Friaul im Norden Italiens hergekommen, zu Fuß, hatte im Elsass eine Anstellung gefunden, auf der Baustelle des Tunnels von Sainte-Marie-aux-Mines. Hatte dort eine Elsässerin kennengelernt. Sie war mit ihm gekommen.

Die Familie war verzweifelt: einen Ausländer heiraten.

Um den Baustellen zu folgen, hatten sie das Elsass schnell verlassen und sich ein kleines Haus in den Ardennen gekauft. Dann kam der Krieg, wieder fortziehen, in die Freie Zone, eine Baustelle im Zentralmassiv. Ein kleines Dorf, schon recht weit von Aurillac entfernt. Bis zur Schule waren es vier Kilometer, in Holzschuhen.

An der Aigle-Talsperre war es, wo sein Unfall passierte. Auf der Baustelle ist ein Kran umgestürzt und hat ihm die Knochen zerschmettert.

Die Kleine war noch gar nicht auf der Welt. Achtzehn Monate lang in einem Sessel ausgestreckt, mit der Kleinen, die auf Papas Schoß klettern will, aber das tut ihm weh, er verzieht das Gesicht, lächelt, um ihr nicht zu zeigen, dass er sie nicht hochheben kann. Bei jedem Strampeln sticht es im Rücken. Der Krieg. Die Partisanen kommen und versorgen sich im Dorf mit Vorräten. Seine Frau gibt ihnen Ziegenmilch, manchmal befördert sie auch Briefe. Im Dezember '42, kurz nach der Geburt der Kleinen, haben die Deutschen die Freie Zone eingenommen. Jetzt haben sie im Dorf das Sagen. Eines Nachmittags kommen sie ins Haus. Wollen ein seltsames Treiben bemerkt haben, wer sind diese Menschen, die auf dem Hof nebenan wohnen. Sie schlagen die Frau. Er in seinem Sessel kann nicht aufstehen. Sie haben ihn den Nachbarn, die verhaftet worden sind, einen Korb überreichen sehen. Die Kinder schreien. Immer das Gleiche. Zum Glück bleibt seine Frau standhaft. Und falls sie sie dann mitnehmen, müssen sie, in Anbetracht der Situation, auch die Kinder und den Vater mitnehmen. Sie entgeht dem Gefängnis und macht weiter. Auf der einen Seite ihr Mann, die Kinder, die Tiere als Nahrungsquelle, eine Ziege für die Milch, Hasen, Hühner. Der Respekt des Dorfes. Aber keine Medikamente, keine ärztliche Versorgung. Seine Beine sind verbunden, jeden Tag wird der Verband gewechselt, das ist alles, was sie tun kann. Auf der anderen Seite das Komitee der Französischen Frauen, die die Widerstandskämpfer unterstützen. Eines Morgens der deutsche Zusammenbruch. Das Fest der Befreiung. Sie würde gerne an den Feierlichkeiten teilnehmen, aber ihrem Mann geht es nicht gut. Sie machen Fotos, draußen, in der Sonne. Die Kleine ist keine zwei Jahre alt. Niemand lächelt richtig, aber sie sind alle da, um den Stuhl des Vaters versammelt. Über ihnen meint man, den Schatten des großen skelettartigen Krans schweben zu sehen.

Nach dem Tod des Vaters bleiben sie noch einige Jahre im Cantal. Jeden Tag gehen die beiden Kinder zu Fuß zur Schule. Eines Abends, nach dem Unterricht, steht auf einmal der Weg unter Wasser. Eine Talsperre hat wegen der heftigen Regenfälle nachgegeben, der große Bruder nimmt seine Schwester auf den Rücken und fängt an zu laufen, nach Hause. Sie kommen gerade noch rechtzeitig an. Die Mutter wurde von der Résistance ausgezeichnet. Sie hatte getan, was sie tun musste. Wurde sogar auserwählt, um den Ratspräsidenten nach Oradour zu begleiten. Sie würde gerne in das Haus in den Ardennen zurückkehren. Die Kleine ist jetzt zehn Jahre alt, und ihr Bruder wird bald eine Arbeit aufnehmen können. Es gilt den Umzug zu planen. Sie wird sich an das Grab ihres Mannes setzen, sich von ihm verabschieden, ihm sagen, dass sie endlich heimkehren wird, in das Haus, das sie gekauft hatten. Sie ist vierzig Jahre alt.

In der Schule haben die Kinder keine andere Wahl, als die Besten der einzigen Klasse zu sein. Der große Bruder macht den besten Volksschulabschluss im Landkreis, die Schwester wird es ihm nachtun. Sie lesen gern, und die Auszeichnungen dafür sind wertvolle Schätze. Er möchte gerne Ingenieur werden, aber natürlich ist man auf seinen Lohn angewiesen, schnell, inzwischen ist er vierzehn Jahre alt. In den Ardennen gibt es wenig Arbeit, sogar die Bauern haben es schwer, und sie selbst haben nie Ackerbau betrieben. Lothringen ist nicht weit, man muss nur die belgische Grenze entlangfahren, das industrielle Zentrum des Landes, Tausende von Arbeitern. Er geht nach Longwy, um eine Mechanikerlehre zu machen. Absolviert sie spielend. Seine Schwester träumt davon, Journalistin zu werden. In Paris zu studieren. Drei Jahre später schickt ihre Mutter sie nach Longwy, wo sie Stenotypistin lernen soll. Sie nennen es »die Kaserne«.

Drei Abteilungen: Stenographie für die besten Schülerinnen, Hauswirtschaft und Nähen für die anderen. Wenigstens wird sie nicht ganz alleine sein.

Die Kaserne ist das weibliche Pendant zur Lehre. Anstatt Türen zu öffnen, schließt sie alle anderen. Man macht kein Abitur, dafür lernt man zu nähen, zu kochen und sogar zu bügeln. Sehr nützlich, sofort im Alltag anwendbar. Vor allem ist man unter sich, als Mädchen der Armen, und mehr noch im Internat, wo diejenigen untergebracht sind, deren

Familien zu weit entfernt wohnen. Den Sonntag verbringt sie bei einer Freundin, deren Eltern in Villerupt wohnen. Während sie darauf wartet, ihre Mutter wiederzusehen, trifft die kleine Schwester ihren großen Bruder wieder, der ihr vom Bergwerk und von seinen Kameraden erzählt. Er war gerade in Micheville angestellt worden. Sie hatte schon immer Journalistin werden wollen, hatte eine Schülerzeitung gegründet, und sie erzählte ihm von einer Dame aus der Politik, einer Senatorin aus den Ardennen, die ihr angeboten hatte, nach dem Studium bei ihr in Paris zu arbeiten. Natürlich erinnerte er sich an Madame Cardot, er kannte sie, schließlich hatte sie ihm die Kleidung für seine Erstkommunion organisiert, weißt du, als Mama zu ihr gegangen ist und ihr gesagt hat, dass wir kein Geld haben.

Sie wurde Sekretärin am Gymnasium von Longwy. Ein erster Schritt in die Unabhängigkeit. Wurde Mitglied in der Kommunistischen Partei Frankreichs. Verliebte sich in einen Arbeiter. Nahm an feministischen Demonstrationen teil. Sie liebte Miniröcke und fuhr einen blauen 2CV.

Die Partei organisierte Reisen in die DDR. Villerupt war Partnerstadt von Riesa in Sachsen. Sie war noch nie in den Urlaub gefahren, sie meldete sich an und besichtigte Dresden und Leipzig. Die Ostdeutschen erzählten ihr von der Befreiung der Sitten, von Verhütung. Sie gingen ins Museum und sogar in die Oper. Das kostete fast nichts. Sie arbeiteten in allen Berufen. Es gab Krippen für die Kinder, die Krankenhäuser waren kostenlos. Sie war zweiundzwanzig Jahre alt, mit zwei Kindern, und hatte aufgehört zu arbeiten, um sie großzuziehen. Das kam ihr großartig vor. Sie beneidete diese Frauen.

In Leipzig lernte sie auch einen Arbeiter aus Paris kennen. Er arbeitete bei Renault in Billancourt. Er war Mechaniker. Sie kam aus dem Becken von Longwy. Sie sprachen vom Klassenkampf, von den Auseinandersetzungen, die es zu führen galt. Paris kannte sie nicht. Die beiden Kinder aus der Arbeiterhochburg trafen sich einige Jahre lang ab und zu. Er war Gewerkschaftsvertreter, lebte in einem kommunistisch geprägten Vorort und kündigte ihr eine bevorstehende Revolution an. Sie zeigte ihm die Stahlhütten, das Lothringen des Eisens und des Stahls. Sie waren stolz, sich gefunden zu haben, voller Stolz auf ihre Arbeiterkultur. Zu jeder Gewerkschaftsveranstaltung schrieben sie sich Briefe, informierten sich gegenseitig, was auf der einen oder anderen Seite passierte. Sie liebte es noch immer, zu schreiben. Nach dem Mai '68 vergaß sie es jedoch. Es war während einer Versammlung der Kommunistischen Partei und der CGT der Eisenminen des Moselgebietes. Ein Bergmann war des Landes verwiesen worden, weil er Italiener war.

Sie dachte an ihren Vater, auch er Italiener. Sie erinnerte sich nicht mehr an ihn, weder an seine Stimme noch an sein Gesicht. Er war dort im Cantal geblieben, mit ihren Kindheitserinnerungen. Sie sprach kein Italienisch, kannte ihre Großeltern nicht und fühlte sich ausgeschlossen von allen diesen Feiern, bei denen man meterweise Spaghetti aß. Aber der Mann auf der Tribüne war mutig. Es war einer der Cousins ihrer Freundin Marie. Er kam aus Mittelitalien. Aus Umbrien. Er war es, der Audun und Gualdo Tadino zu Partnerstädten gemacht hatte. Und beide Städte, diesseits und jenseits der Alpen, hatten zwei symmetrische Ehrenmale für die Toten – auf beiden standen die Namen ihres Vaters und ihres Onkels, deportierte Bergleute.

Es war eine standesamtliche Trauung, 1970. Die italienische Mutter hatte sich seit langem darauf vorbereitet, dass ihr Sohn nicht kirchlich heiraten würde; noch etwas schwerer fiel ihr, eine Schwiegertochter zu akzeptieren, die geschieden war und zwei Kinder hatte. Schlussendlich ging alles gut, ein Festmahl im Pays-Haut; dreitausend Capelletti wurden zu diesem Anlass von den Schwestern, Schwägerinnen und Cousinen vorbereitet. Sie waren überall. Die *Pièce Montée* wurde erfolgreich gekrönt, mit Hammer und Sichel aus knusprigem Krokant, umgeben von Sahne.

Das junge Ehepaar fuhr auf Hochzeitsreise nach Kuba.

Das Brachland

Sonntags konnte man jetzt am »Standort« Micheville spazieren gehen. Die alten Gebäude waren verschwunden, bis auf die Büros, die in Sozialwohnungen umgewandelt und zur Zeit von Hausbesetzern okkupiert waren, und man hatte dort Bäume gepflanzt, jung, winzig auf dem weitläufig aufgeschütteten Erdreich. Jeden Tag gingen die friedlichen Rentner dort spazieren, erinnerten sich an die schmerzvollen und ruhmreichen Stunden der hier verbrachten Jahre, mit dem Geruch des Hochofens in der Nase. Sie lernten die Natur wieder schätzen, diese gute Tochter, die einem die jahrhundertlange Missachtung verzieh und einen in die Arme schloss, wenn man das Bedürfnis nach Vergessen verspürte. Die Wurzeln schwammen im Teer, doch es wuchs trotzdem. Von nun an kein schwärzlicher Qualm mehr auf den Mauern der Wohnsiedlungen, keine großen, tiefhängenden Wolken voller chemischer Abgase mehr. Früher, in schlaflosen Nächten, musste man die Stirn ans Küchenfenster drücken und den Himmel betrachten, er war immer in Bewegung, vibrierte im Rhythmus der Schichtarbeit. Es gab rosa- und mauvefarbene Blitze, der Horizont spiegelte das Werk und warf die gespenstischen

Funken zurück. Das Spektakel wollte kein Ende nehmen, erneuerte sich immer wieder. In all diesen Jahren lagerte sich der Staub in den Lungen ab, aber dafür gab es Arbeit, das allein zählte, man lebte die Würde der Arbeit, die Schönheit konnte warten und die Gesundheit auch.

Erst als das alles verschwunden war, dachte man wieder an Bäume, Himmel, Wolken. An die Verwüstungen des verdrängten, vom Tagebau und von den Halden aufgerissenen Waldes, hier und da mit kostengünstigeren, schnell wachsenden Tannensetzlingen aufgefüllt. Die Mine war es, die den Staatsforst ausbeutete, als sie noch in Betrieb war, und deshalb kam sie nun für den Wald von Audun auf und unterhielt ihn. Das Pays-Haut war nicht die Tundra, und da, wo Tannen neu angepflanzt wurden, konnte keine Buche mehr wachsen. Die Vegetation hatte ihren Tribut gezollt. Jede Erhebung, jeder Graben, jeder abrupte Höhenunterschied war das umgekehrte Abbild der unterirdischen Stollen. Die Waldwege den Schachtnetzen nachgebildet. Die Kinder ließen sich in die Krater hinunterkullern, ausgehöhlt wie von einem Granateneinschlag, und lachten bei dem Gedanken an die Bergleute, die wie ein Ameisenstaat ein paar Dutzend Meter unter ihnen arbeiteten. Jeder Einsturz in der Tiefe eines Stollens hatte an der Erdoberfläche eine Narbe hinterlassen, die sogleich von Blättern und Trieben bedeckt wurde. Und wenn man die Straße durch den Wald nahm, hob das Auto plötzlich ab, schien sich vom Asphalt zu lösen, um etwas weiter mit quietschendem Blech wieder herunterzufallen. Jede Woche zeichnet sich eine neue Strecke ab, stets voller Überraschungen; die Straße, die verschwindet und ein oder zwei Meter tiefer wieder auftaucht, erinnert unablässig daran, dass die Erde unterhöhlt ist, dass dort unten Leben ist, ein riesiges Netz von Stollen, das die gesamte Region durchzieht, ungeachtet von Kommunen oder Grenzen. Die Natur verabscheut die Leere. Anderswo, in Auboué, bei den de Wendel, sind es die Häuser, die absinken, die Wohnsiedlungen, die immer wieder, bei jedem Absacken, Risse bekommen. Die Straßen sind aufgerissen, das ganze Pays-Haut auf Pfählen. Niemand will für den Erhalt der Stollen, für die Instandsetzung der Häuser aufkommen, am wenigsten die früheren Industriellen. Wie die königlichen Dragoner oder die kaiserliche Soldateska, so haben diese modernen Barbaren seit ihrer Ankunft die Region umgeformt, die Reichtümer abgeschöpft, die Landschaft verwüstet, ein paar Geldgeschenke verteilt und sich schließlich die letzten Brocken der öffentlichen Subventionen unter den Nagel gerissen, um dann die Sorge um die Sozialpläne, Umschulung und Wiedergutmachung dem Staat zu überlassen. Und dann haben sie die Unternehmen verschwinden lassen wie Kaninchen in einem Hut, ihre Anteile verkauft, ihre Firmensitze verlegt. Sie tragen keine Verantwortung mehr. Kein Anschluss unter dieser Nummer. Die Wohnungen, die einmal dem Werk oder der Mine gehörten, wurden eine nach der anderen an die früheren Arbeiter verkauft, die darin wohnten. Sie sind düster, trist, eine an die andere gereiht längs der Straße, aber die Arbeiter sind hier zu Hause. Sie haben alle einen Käufer gefunden. Und dann, wenn der Boden unter ihren Füßen absackt, erinnert sie die Siedlung selbst daran, dass sie hier nichts mehr zu suchen haben, dass es nichts mehr zu tun gibt in diesen Siedlungen aus einer vergangenen Ära und dass sich die Männer, die man aus ihrer Arbeit, aus ihrer Geschichte vertrieben hat, ohne die Mine, ohne das Stahlwerk nicht mehr lange an diese feindselige Gegend klammern werden.

In Longwy, hinter der alten Halde, siedeln sich Unternehmen aus dem Ausland an, lassen an ihre Gutwilligkeit glauben, indem sie sich in einer derart gebeutelten Region niederlassen; einmal die Subventionen eingestrichen, machen sie den Laden dicht. Machen Sie das nicht noch einmal. Bringen Sie die Menschen in Billancourt nicht zur Verzweiflung. Als könnte man den Männern und Frauen dort bis in alle Ewigkeit die gleichen Geschichten erzählen. Wie einer alten, abgetakelten Dirne, die man glauben machen möchte, dass sie noch verführerisch sei, wenn sie ihren Preis senkt. Doch sie wissen Bescheid, die gut ausgebildete, kompetente Arbeiterschaft, die Arbeiterkultur, die geographische Lage, die industrielle Erfahrung. Man schickt sie zu Daewoo zum Arbeiten, sie sollten sich freuen, dankbar sein für die Chance, man fordert sie auf, die Toilettenpausen zu verkürzen, im Sinne der Rentabilität, man spricht von Unternehmenskultur, von koreanischer Tradition, und sie können kein Wort mehr miteinander wechseln. Eingepfercht, isoliert, schikaniert, wenn sie krank sind. Und das in Longwy, der Vorzeigestadt der Arbeiterbewegung, die Festung Vauban der ruhmreichen französischen Industrie. Longwy, Lothringen, Herz des Stahls.

Daewoo hat seine Zelte abgebrochen, der Generaldirektor ist auf der Flucht, von Interpol gesucht, französischer Pass, Firma angezündet, Angestellte festgenommen. Usinor-Sacilor, ARBED, de Wendel, ausgelöscht bis auf ihre Namen, aus der Landschaft wegradiert. Aber die Landschaft bleibt. Die Mine von Audun-le-Tiche wartet darauf, geflutet zu werden, damit nichts, wirklich nichts mehr zurückbleibt von der Arbeit der Menschen in dieser Gegend, von ihren Leiden, von ihrem Ruhm und ihrem Kummer. Mit reichlich Wasser fortgespült, die Stollen-Gefängnisse, die Ketten der russischen Zwangsarbeiter, die Schritte der Gestapo. Die luxemburgischen Bankangestellten haben die früheren Arbeiter abgelöst und geben den Häusern der Wohnsiedlungen nach und nach einen neuen Anstrich. Die letzten baufälligen Industriebauten sind wie weggefegt, nur ein paar Fördertürme bleiben zurück, wie durch Zufall dort errichtet, wie lange Bohnenstangen, schlaksig und verrostet auf dem verlassenen Zechenplatz.

Achtzehn Kilometer von Longwy entfernt. Longwy, Lothringen, Herz des Stahls.

Steinschlag

Unter Tage war der Steinschlag der ärgste Feind. Dreiunddreißig Jahre alt war der, der an diesem Novembertag nicht wieder nach oben kam. Ein Gesteinsblock, der sich von einer schlecht gesicherten Wand abgelöst hatte, war ihm auf die Wirbelsäule gefallen. Die Kameraden neben ihm, die zu acht, zu zwölft versuchten, den Block anzuheben, hatten nichts ausrichten können. Ein Mal noch hatte die Sirene aufgeheult, und die acht Kinder hatten gezittert, als sie in die Augen der Mutter blickten. Von da an schlug sie sich mit der Witwenrente durch, die Hälfte eines Bergarbeiterlohns, viertausend Francs und, natürlich, die Zusicherung, dass die Jungen unter Tage eingestellt würden, sobald sie vierzehn Jahre alt sind. Nicht vergessen, wer einen durchgefüttert hat, sozusagen. Das konnte ein Stipendium sein für das Mädchen, dessen Vater unter Tage ums Leben gekommen war. Und so erlaubten ihr die de Wendel freigebig, bei den Ordensschwestern in Verdun den Volksschulabschluss zu machen, alle Kosten werden übernommen. Ein paar Jahre länger die guten Sitten erhalten, bevor sie durch das Arbeiterdasein verdorben werden. In jedem Fall würde sie schnell nach Moyeuvre zurückkehren, um zu heiraten, um Kinder zu kriegen, ihre ganze Familie ist hier, was sollte sie anderswo. Das würde die de Wendel nicht viel kosten. Und außerdem schafft das eine Verbindlichkeit, eine Schuldigkeit, wie viele Schuljahre für den Verlust des Vaters bei einem Arbeitsunfall, zwei, drei? Die Jungen wiederum haben das Privileg, die Nachfolge ihres Vaters antreten zu dürfen, unter Tage. Gesicherte Stellung, ein Leben lang, bis zum Tod … Fünfunddreißig Jahre später nahm ein weiterer Steinschlag den jüngsten Sohn mit sich. Sechsunddreißig Jahre war er alt und würde mit seinem Vater nichts anderes gemein gehabt haben als den gleichen Tod. Mit bloßen Händen versuchen die Jungs, ihn von dem Erzblock zu befreien. Alle wissen, dass es zum zweiten Mal dieselbe Familie trifft, es wird seiner Frau so ergehen wie seiner Mutter, und seine Mutter wird zum zweiten Mal auf den Förderturm schauen, der sich wie eine Guillotine über dem Grab erhebt. Mit bloßen Händen, die Männer schreien, rufen nach ihm, Guido, Guido, sie graben, wie Ertrinkende in den Wellen um sich schlagen, bevor sie fortgerissen werden. Graben, bis sie eine Hand freilegen, einen Arm, ein Gesicht, der Mund schon voller Staub. Unfälle passieren mit unerbittlicher Regelmäßigkeit. Manchmal überlebt einer, der kommt dann ins Minenhospital, ins Hôpital de Wendel. Die Arbeitskraft aufrechterhalten. Manche sprechen von einer großen Familie, warum nicht, die Hunde gehören sicher mit zur Familie. Nur nicht so laut bellen, das ist alles. Für das Fressen gibt es neben dem Werk die Läden für die Grundversorgung, die Kooperativen des Maître, damit der

Lohn, kaum ist er aus der Kasse heraus, wieder dorthin zurückfließt.

Manchmal wird der Lohn auf Anordnung des Minenbosses an die Frauen ausbezahlt, am Fünfzehnten des Monats, und am Dreißigsten ein Vorschuss auf den Folgemonat. Denn kaum bei den Männern angekommen, sind die wenigen Geldscheine in der Kneipe schon wieder ausgegeben. Danach lebt man auf Pump. Das ist der Sinn der Kooperative, Geld auszugeben, bevor man es überhaupt verdient hat, einen Monat lang, um den vorangegangenen wieder auszugleichen. Samstagabends auf den Ball, sonntags ins Café, und dann, wenn man Zeit hat, direkt nach der Arbeit, »jeden Montagmorgen eine schwanger«.

Die Kohle zum Heizen der Häuser ist umsonst, sogar für die Leute aus der Eisenerzgrube. Um Gusseisen oder Stahl herzustellen, braucht man in jedem Fall Eisen und Kohle. Zwei Eimer pro Woche und Haushalt. Das ist mit einkalkuliert, die Kohle stammt aus anderen Minen, aus anderen Regionen, die ebenfalls zum Familienbesitz gehören. Dank dieser bescheidenen Geschenke steht die ganze Bevölkerung bereit, ist verfügbar, durch vergossenes Blut mit dieser Erde verbunden, wo ein Onkel, ein Bruder ums Leben gekommen sind, wo man ums Überleben kämpfen, sich anpassen musste, kaum dass man aus Italien hergekommen war. Sonntags findet immer für all diejenigen, die auf einen guten, ruhigeren, ungefährlicheren Platz hoffen, die Messe statt, immer noch der sicherste Weg, um dem lieben Gott nahe zu sein. Man ist sehr fromm bei den Eisenhüttenbesitzern, und als Dank bietet man seinen treuesten Dienern gerne einen Vorgeschmack auf die Anerkennung durch den Allmächtigen. Der Posten eines Steigers, eine Stelle im Büro, zwischen Hostie und Messwein werden die Vorzeigearbeiter ermittelt. Ein paar alte Itaker, klassenkämpferisch und gläubig zugleich, lassen sich davon nicht überzeugen. »Cattolici falsi!« Auch das ist eine Methode, um allzu subversive Elemente und Gewerkschaftler loszuwerden: nicht so einfach, einen Platz als Steiger abzulehnen, selbst für einen Roten. Niemand wird mit dem Finger auf ihn zeigen, bei vier Kindern …, aber wie lange wird es dauern, bis man den Nächsten aufstellt … Für die Bosse jedenfalls ein Gewinn, der Erfolg proportional zum Kampfgeist des Besiegten. Manche halten durch bis zum bitteren Ende, bis zur Staublunge oder bis zum Unfall, ohne im Kampf nachzulassen. Und dann, bei den Familientreffen, die endlosen Streitereien zwischen dem Überläufer und seinen ehemaligen Kameraden, immer wieder von neuem, sie sagen sich vergeblich, besser er als ein anderer, der die Anweisungen erteilt, das liegt einem doch schwer im Magen, dass er sich so über den Tisch hat ziehen lassen, für einen Posten. Tradittore.

Der Steiger, mit schwarzem Hut, kommt zu einer jungen Frau, die am Vorabend ihren Mann verloren hat. Um zu reden, wie er sagt. Ein Gesteinsblock, ein weiteres Mal, hatte den jungen Mann getroffen, aber dieser war nicht gleich tot gewesen. Er war mit dem Gesicht in eine Pfütze gedrückt worden, vielleicht war ihm etwas hochgekommen. Er war erstickt. Der Steiger kam im Auftrag des Minendirektors, um die Witwe zu überreden. Dass sie keine Anzeige erstattet. Das war kein Arbeitsunfall, verstehen Sie, er ist im Krankenwagen gestorben, nicht in der Mine. Es war am Tag nach dessen Tod oder vielleicht noch am Abend selbst.

Ein Bergarbeitervertreter kam am nächsten Morgen und überbrachte ihr die Beileidsbekundungen der Kameraden. Sie berichtete ihm vom Besuch des anderen. Er wurde blass. Er erzählte ihr von der CGT, von der Solidarität unter Bergleuten, dass die Gewerkschaft sich der ganzen Sache annehmen würde. Was er dann auch tat. Handelte aufgrund des Arbeitsunfalls eine Witwenrente für sie heraus. Sprach kein Wort mehr mit dem Steiger.

Die verwirrende Lüge

Sonntagmorgen, acht Uhr, Zeit für eine Radtour zum Luxemburger Schwimmbad oder, wenn Schnee liegt, für einen Waldspaziergang. Auf dem Rückweg ist das Café an der Zollstation der sonntägliche Treffpunkt der Kumpel. Völlig verraucht. Alle Bergleute mit der Gauloise zwischen den Lippen. Das ermöglicht den Betriebsärzten, Lungenkrebs bei ihnen nicht als Berufskrankheit anzuerkennen. Wie lange rauchen Sie schon? Auf den Röntgenaufnahmen all dieser Jungs sah man dunkle Schatten. Seitdem ich in die Mine einfahre, mit vierzehn Jahren, warum fragen Sie mich nicht, wie lange ich schon Bergmann bin?

»Seltsam, bei uns gibt es mehr Tabak-Tote als anderswo.«

Die Kinder stellten sich an den Flipper, bis ihr Vater bei den Kameraden die Runde gemacht hatte. Zu jedem Tisch musste er gehen und Fragen zur Partei und zu den Wahlen beantworten. Danach ging man auf den Markt, um mit dem Rest der Truppe die *Huma Dimanche* zu verkaufen. Erklären, verteidigen, erläutern, die Parteilinie rechtfertigen, die zum Teil unhaltbaren Entscheidungen, gegen die man sich bei den Besprechungen im Ortsverband gewehrt hatte. Er kämpfte jeden Tag dafür, die Partei von innen heraus zu verändern, aber bei jedem Misserfolg musste man nach außen hin die offiziellen Positionen des Politbüros gegenüber den Unentschlossenen verteidigen.

Im Kreis des Ortsverbands war der Kampf heftig und ungleich. Immer hatten die Funktionäre, denen das Vertrauen von oben galt, das letzte Wort. Der Protest der Basis drang nicht nach oben, oder kaum. Man musste sich entscheiden, entweder war man für die Partei oder gegen sie. Den Gegnern der Partei keine Argumente liefern. Die Moskauer Prozesse waren dafür ein gutes Beispiel.

– Schakale sind das, Schakale.

Von wem sprach er da, von diesem Krankenbett aus.

Von Sektierern, die er Jahre später endlich wagen würde als Stalinisten zu bezeichnen? Von Marchais und Konsorten, vom Apparat, die die ganze Schuld trugen? Gorbatschow in der Falle, in Geiselhaft, in seiner Datscha, und er hier an sein Krankenhausbett gefesselt, machtlos. Dieses eine Mal konnte er nichts sagen, er würde den Arbeitern nicht erklären, was passiert war. Keine einzige Parteilinie würde er mehr rechtfertigen.

Und doch war es das Ende, der Niedergang des Kommunismus, der Sieg der Freiheit, die Emanzipation Europas, das große Erwachen der Nationen. Die osteuropäischen Staaten fielen einer nach dem anderen, mit echter, ungespielter Freude, und das alles für Bananen und Jeans, nein, es muss also alles falsch gewesen sein, von Anfang an, alles war gescheitert. Es gab keine Erklärung, keine Möglichkeit, diese angsteinflößende Kluft zwischen dem tief verwurzelten Ideal und der Realität zu überbrücken. Die Überzeugung war so schmerzhaft wie tiefgehend, mit dem eigenen Wesen verwachsen wie ein Knochen. In großer Ferne musste man den Fehler suchen, so fern, wie sich die Gewissheit vergraben hatte, und das Schuldgefühl saß tief im Mark, wie eine Schraube, die sich in den Körper bohrt. Die Ideen waren die richtigen, edel, großmütig, aber was tun angesichts dieses ganzen Desasters? Was sollte man anfangen mit der UdSSR, der Nomenklatura, den Parteifunktionären, dem Einmarsch in Ungarn, in Prag, Afghanistan, dem Archipel Gulag, den Moskauer Prozessen, den katalanischen Anarchisten, dem Pakt von '39, Ceauşescu, was tun angesichts der Warteschlangen, dem unter der Hand verkauften Kaviar, mit Polen oder Ostdeutschland? Es stimmt, man konnte immer Vergleiche anstellen, durch Südamerika spazieren, durch die mexikanischen Indianerdörfer, durch die Elendsviertel von Haiti oder Rio, durch Bangkoks Bordelle, die privaten Jagdreviere in den USA, aber das war kein Trost.

Im Spiegel des Krankenhauses, dem Bett gegenüber, sah er das Bild eines Mannes, der ein Leben lang für Ideen gekämpft hatte, die man ihm jetzt ins Gesicht schleuderte wie ein Büschel Brennnesseln; es brannte auf der Haut.

Ihm blieb kaum etwas, bis auf sein Gewissen, herzlich wenig für jemanden, dem der Individualismus immer ein Gräuel gewesen war. Die Gewissheit, die Demokratie ohne Sektierertum stets verteidigt und die Privilegien bekämpft zu haben. Zum Beweis die Ergebnisse der letzten Kommunalwahlen, die er wegen eines Parteienbündnisses nicht gewonnen hatte. Und dann die Gewissheit, harte Arbeit geleistet und seinem Land mehr gedient zu haben, als von ihm erwartet. Immerhin hatten die Arbeiter dank der Partei die Türen zur Nationalversammlung aufgestoßen, hatten Respekt errungen, wurden gehört, nicht wahr? Da oben hatte die Partei vor allem das tägliche Leben mit Hoffnung erfüllt. Es gab etwas zu tun, für die Zukunft, man würde nicht einfach weiter tief unten in einer Mine sterben, das diente der Sache, wir waren Arbeiter, verdammt nochmal, da war Stolz mit im Spiel. Man warf sich ein bisschen in die Brust. Man hatte vieles gemeinsam gelernt, sich zusammenzuschließen, die Ereignisse zu analysieren, nicht für bare Münze zu nehmen, was die anderen von der Welt erzählten. Sich selbst ein Bild zu machen. Auf der Parteischule besuchte man Kurse in Politischer Philosophie, in Wirtschaftslehre, in Kunstgeschichte. Natürlich schlug die Kunst immer die gleiche Richtung ein, die Richtung der Geschichte, aber wenigstens ging man ins Museum.

In den Jugendzentren waren die aktiven CGT-Mitglieder im Dezember '68 wegen umstürzlerischen Verhaltens zu Dutzenden entlassen worden. Man hatte ihnen vorgeworfen, sie hätten als Humus für die Mai-Unruhen gedient, man hatte ihre Glaubwürdigkeit zerstört. Sie waren jedoch von der Belegschaft gewählt worden. Das war wie in der Mine, die Jungs wählten frei ihre Vertreter, und diese wurden anschließend bestraft, schikaniert, in die tiefsten Stollen verbannt, allein in Feuchtigkeit und Dunkelheit. Was bedeutete Demokratie, wenn ständig versucht wurde, die Würfel zu manipulieren, aus Angst vor dem Volkswillen. Wenn das Volk Rot wählte, dann wusste es, was es tat, nein, wie kann man bloß diese Verbissenheit rechtfertigen. In Italien hatten sie es noch besser gemacht, mit der Mafia. Die Kommunistische Partei Italiens, die erste Partei des Landes, noch nie an der Macht. Die mit der mafiösen Christdemokratischen Partei verbündeten Sozialisten, die Mafia und die Roten Brigaden, von der CIA infiltriert, damit die Roten niemals das Kapitol erobern. Die UdSSR schließlich war ihnen weniger ein Dorn im Auge als die Kommunisten und die Gewerkschaftler in Frankreich. Die Verteidigung der Menschenrechte angesichts der sowjetischen Rechtsverletzungen, half sie nicht auch einigen, ihre Privilegien gegenüber den Forderungen der roten Franzosen aus dem Volk zu verteidigen – oder etwa nicht? Frau Baronin von Soundso, 1989, im Nerzmantel, auf der Berliner Mauer, klopfte mit dem Hammer ihr kleines Steinchen los, bestimmt, um es in ihren Salons auszustellen. Ich habe für die Freiheit gearbeitet … Eine Revanche, die sie sich in ihren kühnsten Träumen nicht hätten ausmalen können. Nachts verfolgte ihn dieses Bild. Das alles blieb ihm quer im Hals stecken, es schnürte ihm die Luft ab, hinderte ihn am Atmen, mit seinem einzigen Lungenflügel. Er bekam kaum Luft, atmete hastiger, er musste sich beruhigen, beruhigen, er musste ruhig atmen, an seine gesunde Lunge denken, eins, zwei, die sich mit Luft füllt und sich langsam wieder entleert, drei, und sich von Neuem füllt, eins, zwei, mit einem einzigen Lungenflügel hatte er ein größeres Lungenvolumen als der Durchschnitt, drei Liter, das liegt sicher an der körperlichen Betätigung, an der Arbeit mit den Händen, drei … Sein Brustkorb hob und senkte sich jetzt regelmäßig und ruhig. Es war heiß in dem Krankenhauszimmer, die Jacke seines blauen Pyjamas war offen, seine Brust hob sich leicht, aber nur auf einer Seite.

Der *Grand Soir*

Seit neun Jahren haben sie auf diesen Augenblick gewartet. Um zwanzig Uhr war in den Wohnsiedlungen kein Laut zu hören. Eine Minute der Stille und des Wartens auf dem Faden der Ewigkeit.

Die Gesichter waren angespannt, von Angst und Hoffnung verzerrt. Man unterdrückte ein übermächtiges Bedürfnis, laut herauszuschreien. Der Sieg der Linken, das war das Ende des Albtraums. Alle hatten sie die Kampagne unterstützt, zu unmöglichen Zeiten Plakate aufgehängt, immer wieder neu, um die Plakate der Rechten zu überkleben. Mitterand hatte zugesagt, man wolle alles verstaatlichen, die Minen, die Hüttenwerke. Er war nach Longwy gekommen, er hatte mit den Arbeitern gesprochen. »In Lothringen wird keine einzige Mine und kein Werk mehr geschlossen.« Die Kohleförderung würde wieder anlaufen, kein einziger Arbeitsplatz würde mehr gestrichen. Es war eine Minute nach acht: »Schaut euch das Gesicht des Journalisten an!«

Monsieur François Mitterand ist zum Präsidenten der Republik gewählt worden.

Ein gewaltiger Lärm ertönte aus den Siedlungen. Ein

animalischer, unkontrollierbarer Aufschrei. Aus Seufzern und Tränen. Erleichterung, dass die Ungewissheit nun ein Ende hatte, und gleichzeitig ein Befreiungsschlag nach dreißig Jahren Stillschweigen. Die Freude über die Gewissheit, sich nicht getäuscht zu haben. Bis dahin hatte man nur daran geglaubt, oh, es stimmt, tief im Innern war man siegesgewiss, es lag in der Luft, man roch es, als könne man es wittern, man tauschte verstohlene Blicke mit den Kameraden, ohne daran rühren zu wollen, geschweige denn davon zu sprechen, um den Zauber nicht zu brechen, weiß man ja nie, manchmal, ob es klappt, wenn es so heraufbeschworen wird, aber schließlich musste es irgendwann einmal so weit sein, man hatte so oft davon geträumt, so groß war das Verlangen, schließlich redete man es sich ein, aber das war immer erst für morgen, es war immer die Zukunft, die man sich in den schönsten Farben ausmalte, doch nun, hier, heute, am 10. Mai 1981, das ist heute, jetzt sprechen die Fakten, die Zahlen, die Prozente, die Wirklichkeit springt sie an, sie kneifen sich, die Wirklichkeit, sie schallt aus allen Ecken, ihre Augen sehen nicht mehr klar, sehen nichts als Dutzende feuchte, weit aufgerissene Augenpaare, überall, die sich lachend anschauen, große, strahlende Münder, Glucksen, Quietschen, Korkenknallen. Gehupe ertönt aus allen Winkeln der Stadt, in ein und demselben Moment, als hätten die Leute in ihren Autos auf die schicksalhafte Sekunde gelauert, um die Hupe betätigen zu können. Die Linke war an der Macht. Es war geschafft, es war vorbei. Die Geschichte war an die Stelle der Hoffnung getreten. Die Linke hatte gewonnen. Die Linke hatte es geschafft.

Zwei Kinder tanzten und hüpften im menschenleeren Hof der Grundschule herum. Zwei kleine Mädchen, erstaunt und mitgerissen von der Freude, die in der Siedlung herrschte. Niemand hatte sie herausgehen sehen. Sie verstanden nicht, warum es so überraschend war, dass die Linke gewonnen hatte. Sie lebten mitten unter aktiven Kommunisten, teils Sozialisten. Die Rechte musste es wohl auch geben, denn man sprach ja über sie, aber das waren die Unternehmensbosse, die waren weit weg. Gab es also echte Menschen aus Fleisch und Blut, die nicht kommunistisch wählten? Sie beschäftigten sich nicht allzu lange mit dieser Frage. Warum auch immer, heute war ein Abend zum Feiern. Sie kamen sich ein bisschen lächerlich vor, aber sie mussten diesen Tag feiern. Sie kletterten auf die Mauer, die das Schulgebäude umgab, schauten zum sternenübersäten Himmel auf und schrien mit der ganzen Kraft ihrer acht Jahre: »Wir haben gewonnen! Hurra! Hurraaah!«

Vor dem Fernseher saß ein Mann und leerte sein Champagnerglas. In aller Ruhe.

Er war nicht außer sich vor Freude, aber sicherlich auch nicht unzufrieden. Er betrachtete das Profil von François Mitterrand.

Da er weder ein Miesepeter noch ein Spielverderber und schon gar kein Unglücksbote sein wollte, hatte er an der Jubelfeier ruhig teilgenommen, so diskret wie nur irgend möglich, ohne dass seine plötzliche Zurückhaltung bemerkt oder falsch interpretiert werden konnte. Seit ein paar Jahren wurde die Kommunistische Partei schwächer, zugunsten der Sozialisten. Der Kopf der aktiven Sozialisten aus dem Ort war ein guter Freund von ihm, ein echter Kamerad sogar, aber jedes Mal, wenn sie sich die Hand gaben, konnte er es sich nicht verkneifen, mit Zeige- und Ringfinger der anderen Hand zwei Hörner zu bilden, um den Malocchio abzuwehren, und den Judaskuss des großen sozialistischen Bruders … Als der andere eines Tages nach einer Diskussion das Haus verlassen wollte, wie immer ging es um Politik, verabschiedete sich die Kleine mit einem überschwänglichen »Tschüs Fettwanst«, was sie alle in Verlegenheit stürzte, auch wenn sie es sich nicht verkneifen konnten, in schallendes Gelächter auszubrechen, hatten sie doch gerade das Zerbrechen des gemeinsamen Programms erlebt … Aber wenigstens hatte man ihm den anderen nicht einfach vor die Nase gesetzt. Er war Arbeiter. Von nun an waren sie Teil derselben Mehrheit. Was die Rechte betrifft, so existierte sie in Audun nicht, zum größten Leidwesen einiger alter Einwohner von Lothringen, die alle diese Maccaronis gerne wieder auf den rechten Weg zurückbringen wollten. Aber seit 1965 war das Rathaus rot.

Die letzte Firmung

Der Bischof von Metz ging in den wohlverdienten Ruhestand.

Ein Hüne von einem Meter neunzig, der sich entschieden hatte, bei seiner letzten Firmung den Missionar zu spielen in einem Pays-Haut, das hundert Jahre Säkularisierung durch die Arbeiterschaft an die Kirchenfeinde ausgeliefert hatte. Pius XII., der kurzen Prozess machen wollte, hatte sie 1949 aufgefordert, sich zwischen dem Kommunismus und der Religion zu entscheiden; viele hatten, zum großen Schrecken ihrer Ehefrauen, trotz ihrer italienischen Wurzeln die Exkommunikation gewählt.

Es war also ein Land der Skeptiker und Freigeister, in dem der Bischof im Mai 1989, im 200. Jubiläumsjahr der Revolution, aus dem Auto stieg. Monsignore Schmitt, ein Spaßvogel und Freund von Symbolen, erregte gerne mal den Unmut der regionalen Stadtverwalter, waschechte Katholiken, die ihn allenthalben dazu drängten, sie mit einer letzten Segnung zu beehren. Das Bistum von Metz, das ist nicht zu leugnen, pflegte sorgsam seine Tradition der Unabhängigkeit. Spitzbubenhaft akzeptierte der Bischof so auch die Einladung des kommunistischen Bürgermeisters einer isoliert liegenden Gemeinde im Norden der Region, eingekeilt zwischen Luther und der Volksfront, an der Grenze zu Belgien, Deutschland und Luxemburg, eine Einladung, mit ihm den Abschluss der Gemälderestaurierung und die Freigabe von Fördermitteln für eine seit achtzig Jahren fehlende Kirchturmspitze zu feiern.

Kaum ausgestiegen, stand er auch schon mit seinem Fuß auf dem des Ersten Verwaltungsbeamten der Gemeinde, der ihn mit der Trikolore über der Brust am Wagen in Empfang nahm. Dieser konnte sich ein lautstarkes Autsch! und eine unschöne Grimasse unter der Doppelzentnerlast des ungezügelten Patriarchen nicht verkneifen, der sogleich vom reaktionären Fotografen des örtlichen Käseblatts verewigt wurde. Doch war da vom ersten Gespräch an eine ironische Komplizenschaft zwischen den beiden Männern. War es der frühere Messdiener, das akkurat gekleidete Erstkommunionkind, das unter der Maske der öffentlichen Person wieder auftauchte und sich das erleichterte Lächeln seiner Mutter vorstellte: »Finalmente, Angelo!« …

Diese ganze bunte Schar ging zur Messe, der Stadtrat eingeschlossen. Bei den Beerdigungen erkannte man die Kommunisten daran, dass sie kämpferisch nach dem Weihwasserwedel griffen, ihn mit einer schnellen Armbewegung nach hinten über ihren Rücken schwangen und sich tief über den Sarg beugten, um ja nicht den Eindruck zu erwecken, sie würden auch nur ansatzweise ein Kreuzzeichen ausführen. Das galt zumindest für die Älteren, die alle erst den Katechismus in sich hineingestopft und später dann die Pfaffen gefressen hatten, sie erinnerten sich an die Lateranverträge, an Pius XII. und an den Geschmack der Hostie. Die Jüngeren hatten davon keine Ahnung, sie waren angesichts des seltsamen, länglichen Objekts in ihren Händen weniger verlegen als schlichtweg überfordert.

Bei den Trauerzügen machte man sich daher einen Spaß daraus, zu raten, wer was war oder nicht war. Einige hatten die Handhabung des Weihwasserwedels zu wahrer Meisterschaft gebracht und ließen ihn, ohne auch nur hinzuschauen, zwischen ihren Fingern herumwirbeln wie eine Majorette ihren Stab, griffen ihn mit der rechten Hand, daraufhin verschwand er in der linken, schien wie vom Ärmel verschluckt, aber tauchte wieder auf, bereit zur Übergabe, ah, jetzt wusste man es wieder, ein Schlag nach oben, ein Schlag nach unten, jetzt nach links, nein, nicht nach rechts, und am Ende einen kräftigen Schlag nach rechts, perfekt. Wie gut würde sich die nächste Kandidatin anstellen? Sie vertut sich, wie könnte es anders sein, glaubt, mit ihrem Stab bewaffnet, sie sei ein Dirigent und beschreibt einen großen Bogen, im Uhrzeigersinn. Jedem sein Kreuzzeichen, so viele Zeichen wie Teilnehmer, die in ihren Kindheitserinnerungen vergeblich nach Bruchstücken des Katechismus graben. Der da hat für sich eine ökumenische und praktikable Methode gefunden, er greift mit flinker Hand nach dem Weihwasserwedel, schwenkt ihn stolz über seinem Kopf, macht, männlich entschlossen, einen einzigen Schlag nach vorn und kehrt zurück zu seiner Bank.

Die Gier

In der Vierten Französischen Republik wird jegliche Grundlage für Begünstigung oder Privilegierung abgeschafft, deren gefährliche Auswirkungen sich in der Vergangenheit allzu deutlich gezeigt haben.
Die Nation wird es begrüßen, dass ihre natürlichen Reichtümer, die Arbeit und die Technik als drei Grundpfeiler von unser aller Wohlstand nicht mehr zugunsten Einzelner ausgebeutet werden.
Charles de Gaulle

Es waren immer die Gleichen, die in den Kriegen den Kopf hinhielten, die danach den Gürtel enger schnallten, oder davor, und die man anschließend als Vaterlandsverräter bezeichnete. Die anderen waren immer die Ersten, die Frankreich in Gefahr sahen und ein Komplott seitens der Juden, der Bolschewiken oder der Freimaurer vermuteten, aber sich aus dem Staub machten, wenn es ans Kämpfen ging, kapitulierten, das Land den Deutschen überließen oder den einfachen Soldaten nach Algerien in den Kampf schickten. Sie hatten Angst vor den Arbeitern, den Ungehobelten und den Bedürftigen, aber all diesen Besitzenden war es durchaus recht, wenn der Prolet an ihrer Stelle in den Tod ging. Er verlor dabei weniger als sie. Das also war der heilige Bund, das Ende der Klassenunterschiede, vor den Bajonetten sind alle gleich. Schließlich war es ja doch an ihnen, die Verträge auszuhandeln, eine Frage der Erziehung, der Kultiviertheit, und das Ergebnis war Versailles. Das Großkapital wollte seinen Einsatz zurück, die Besetzung des Ruhrgebiets, das kam den de Wendel gerade recht. Noch 1940 werden sie unerbittlich verhandeln, um Briey zu behalten, die Mine und die Werke, bereit, alles dafür zu geben, um das Schmuckstück der patriarchalischen Dynastie zu behalten. Die Grenze wird direkt daneben verlaufen.

Auch in den Zeitungen war immer von den gleichen Leuten die Rede, als seien nur die Reichen, die gut Ausgebildeten, die Diplomierten zu etwas nütze, während sich die anderen damit begnügten, zur Arbeit zu gehen, fernab der Glitzerwelt und der Gala-Dinner, fernab von Humor und Geist. Mit Ausnahme der Sportler. Der Sport, eine Klassenfrage. Den Sportlern gebührte höchster Respekt. Was die Intelligenzler angeht, so ist es schließlich ihr Job, man hat ihnen beigebracht, klug daherzureden, auch wenn nicht viel dahintersteckt. Mit Talent hat das wenig zu tun. Vielleicht glauben sie wirklich, dass die anderen zu ungebildet seien, um ins Museum, in die Oper oder ins Konzert zu gehen … Die Studenten, seltsame, unwahrscheinliche Wesen. Hocken stundenlang auf harten Bänken über ihren Büchern – das menschliche Wissen voranbringen. Gleichzeitig kennen auch sie sich ein wenig damit aus, mit dem Schwindel, den faulen Tricks, es sind nicht immer die Besten, die die besten Plätze bekommen, aber ja, es tut gut, daran zu glauben. Man hat es ihnen eingebläut. Das alles, die Chancengleichheit, wenn du es nicht schaffst, dann hast du eben nicht genug gearbeitet, also sie kennen nur zu gut die Spielregeln, wie sie vermeiden, dorthin zu gehen, wo sie keiner will, das reicht dann, um gar nichts mehr zu tun. So erspart man sich Enttäuschungen und fällt nicht allzu tief, nach dem Uni-Abschluss. Man erspart sich auch das Gefühl, verraten worden zu sein, sich von den eigenen Wurzeln zu entfernen, unweigerlich, und diejenigen hinter sich zu lassen, die für dich früher … euer Leben, eure Werte, euer Gesetz. Hinter sich lassen, fortgehen, wohl wissend, dass man anderswo nie wirklich akzeptiert werden würde, dass anderswo all das, die Ticks, die Sprache, immer falsch klingen würde, traurig, obszön, diese Lektionen in Sachen Politik, Moral, staatsbürgerliches Pflichtgefühl, in Sachen Leben, nie wieder die Vertrautheit derjenigen spüren, mit denen man gemeinsam aufgewachsen ist, noch diese Menschen wiedertreffen, die man einige Jahre zuvor verlassen hatte, im Glauben, es sei nur für einen kurzen Moment, die Schulzeit, die Studienzeit, und die man dann, am selben Tisch sitzend, wiedertrifft, die sich nicht vom Fleck gerührt haben, während die Welt sich weiterdreht, sie sitzen nur ein klein wenig näher bei den Älteren, sie ähneln ihren Vätern ein wenig mehr, gelassen, aber ihr seht sie nicht mehr so wie früher, nein, ihr habt euch verändert, und nie wieder, nie, das Bedauern, ein Leben lang, die Euren nicht mehr mit den Augen von damals zu sehen. Weinen muss man um die, die eines Tages fortgegangen sind.

Drei Zimmer

In den Arbeitersiedlungen lebten nur Italiener und Polen. In der ganzen Stadt kamen sieben Italiener auf zwei Polen und einen Franzosen. Aber die Franzosen wohnten nicht in den Siedlungen, außer den *disgraziati*, die man nirgendwo anders lassen konnte. Die Arbeitersiedlungen bestanden aus kleinen, schwarzen Häusern, eins an das andere gedrängt mit einem kleinen Garten, dessen Längsseite sorgsam ein Holzzaun umgrenzte. Im Barackenviertel von Homécourt waren die Familien nur durch eine hölzerne Wand voneinander getrennt. Ein in aller Eile errichtetes Provisorium, um dem Ansturm der Einwanderer zu begegnen, die in Krakau oder Fabbriano von privaten Agenturen angeworben worden waren. Ein Provisorium, das fünfzig Jahre überdauern sollte.

Sie wohnten in Villerupt, in Notsiedlungen. Die Wohnung war winzig klein, drei Zimmer übereinander. Ihre erste Wohnung als junges Ehepaar. Als sie Jahre später ausgezogen waren, hatten sie sie »die drei Zimmer« getauft. – »Weißt du noch, die drei Zimmer …?« Und riefen damit unweigerlich die Erinnerung an entbehrungsreiche, aber glückliche Jahre wach, an die hysterischen Zwistigkeiten zwischen den eigenen und den angeheirateten Familienmitgliedern, die sich ständig gegenseitig besuchten, an die endlos wiederholten Abenteuer, die den Mythos des Clans nähren sollten, und die man untereinander immer wieder zum Besten gab, in Endlosschleife, wie einen etwas kitschigen Film, den man einmal geliebt hat und den man sich immer wieder anschaut, weil seitdem nichts anderes die gleichen Gefühle hervorgerufen hat. Die drei Zimmer, das war die verrückte, aber glanzvolle Jugendzeit. Die frischgebackene Ehefrau, die beiden Kinder, und tagsüber die Gesellschaft der Schwägerinnen, die dunkelhaarige Ältere, die nach dem Tod der Mutter die ganze Familie großgezogen hatte, eine kleine brave Ameise, und das blonde Nesthäkchen, ein hübsches, etwas durchgeknalltes Mädchen. Sie war eines Abends im Nachthemd bei ihnen aufgetaucht, mit zerzaustem Haar und einem blauen Auge vom eifersüchtigen Ehemann. Er wird mich umbringen! Sofort zeigte die ganze Familie die Krallen, los, komm rein, du bleibst erst mal hier, nimm etwas von der Minestrone, dai. Alle hatten Mitleid, aber gleichzeitig konnten sie dem Ehemann nicht wirklich böse sein, denn sie war tatsächlich unerträglich, völlig überdreht, mit ihrer kreischenden Stimme. Eine Stunde später klopfte er an der Tür. Ich weiß, dass sie da ist, macht auf, oder ich trete die Tür ein. Das ganze Viertel war in Aufruhr. Fenster gingen auf, Gesichter erschienen hinter den beschlagenen Scheiben. Gutaussehend war er, jung, und alles in allem ein netter Kerl. Er stand hinter der Tür und weinte. Sie bekamen Mitleid mit ihm. Los, versteck dich in der Küche, damit er dich nicht sieht, und ich rede mit ihm. Der große Bruder war es, der ihm öffnete. Ich weiß, dass sie da ist, lass mich mit ihr sprechen, sag ihr, dass ich sie um Verzeihung bitte, um Verzeihung. Ich liebe deine Schwester, weißt du, ich liebe sie, ich will sie nicht verlieren. Jetzt schrie er, ich liebe dich, Lili, verzeih mir, ich liebe dich. Jetzt waren sie alle rot vor Scham, ein Mann, so offenherzig …, was für ein Theater, und die Nachbarn … Plötzlich stürzte sie von hinten hervor, niemand hatte sie kommen sehen, sie schwenkte ein seltsames, stumpfes Ding, eine Holzstange von etwa einem Meter Länge, zum Teigausrollen, damit die Lasagneblätter so fein und durchscheinend wurden wie Spitze. Hatte man eine geübte Hand, dann breitete sich der Teig wie ein leichtes Tuch über das Holzbrett, gleichmäßig, ohne ein einziges Loch, während es bei den Anfängerinnen ein Fetzen wurde, unterschiedlich dick, hier und da gerissen, gerade gut genug, um von fachkundigen Händen ausgebessert zu werden. Der Manganello. Kreischend fuchtelte sie damit herum, ach ja, du liebst mich, und dann schlägst du mir mit der Faust ins Gesicht, na gut, dann nimm das hier. Niemand hatte sie aufhalten können, weder ihre Schwester, die hinter ihr herrief, sie solle aufhören, sie würde ihn töten, noch ihre Schwägerin, aus Angst, selbst einen Schlag abzubekommen. Mit einem dumpfen Knall sauste das Holz auf den Kopf des vor Schreck erstarrten Ehemanns, vor den Augen aller Umstehenden, die es nicht fassen konnten, dass sie bis zum Äußersten ging. Der Mann, niedergestreckt, lag auf der Schwelle. Er war umgestürzt wie ein Baum, ganz gerade, und man musste doch wohl irgendetwas tun, er blutete. Am nächsten Morgen war er wieder da, aus dem Krankenhaus geflohen. Als sie die Tür öffnete, glaubte sie, in Ohnmacht zu fallen: ein Mumifizierter mit verbundenem Kopf, der seine Frau sehen wollte, »se no m'ammazzo!« Er wird sich nicht umbringen. Wird zwei Jahre später von einem schmalen Steg herunterfallen und in den Hochofen stürzen.

Morgen auf dem Markt werden die Diskussionen weitergehen, mitten auf dem Bürgersteig, die Einkaufstasche hinterm Rücken, mit wichtigen Mienen, das kann sich manchmal ein, zwei Stunden hinziehen, in der Zeit erledigen andere ihren gesamten Einkauf, aber was ist los, sie stehen immer noch da, was können die sich groß zu erzählen haben, und beim Verlassen der Bäckerei, was gibt's heute Neues, oh gar nichts, alles beim Alten, nichts als Routine. Die Kinder zappeln schon herum, sie kennen die Frau, die wird nicht so einfach mit der Sprache herausrücken. Wenn Sie wüssten, was passiert ist … Na toll, es geht wieder von vorne los, man wird warten müssen, herumstehen und nichts tun, die Mutter am Ärmel zupfen, erst zaghaft, dann immer stärker, m'ma … Die andere Frau lässt sich nichts anmerken, so ein süßer Junge, voll und ganz auf ihre staatsbürgerlich-demokratische Mission konzentriert, die Neuigkeit unter die Leute zu bringen. Eine wahre Kunst, die ungeschriebenen und doch unveränderlichen Gesetzen folgt: die Ereignisse gewichten, die Wirkung dosieren, manchmal das Wichtigste, den eigentlichen Knüller unauffällig über den Umweg einer Anekdote durchblicken lassen, so tun, als rühre man nicht daran, sich bei einem Detail aufhalten, damit der andere es nicht mehr aushält und nicht anders kann, als zu betteln, aber was ist denn nun mit …, einem alles aus der Nase ziehen, für die eigene Neugier büßen, sich der sibyllinischen Kraft des anderen beugen.

Die Kurve

Vor dem Ortseingang von Audun zog das von Raben bevölkerte Plateau von Hirps die Aufmerksamkeit des Autofahrers allein durch eine gefährliche Kurve auf sich, kurz hinter dem Fort der Maginot-Linie am Rande der Felder. Hier waren vier Jugendliche nach einem Diskobesuch, eine Journalistin und viele andere in den Tod gefahren. Der Titel für die Reportage, die sie dem Chefredakteur verkauft hatte, war bereits gefunden. Die Unmöglichkeit des Arbeitergedenkens. Sie war auf dem Weg zum italienischen Filmfestival in Villerupt. Die Organisatoren waren ehemalige Arbeiter oder aber deren Söhne und Töchter. Zwischen den Filmvorführungen gab es Pasta in allen Varianten. Man hatte nicht nur das einzige Kino, das noch in Betrieb war, in Beschlag genommen, sondern auch das Rathaus in einen Vorführungssaal verwandelt und das Jugendzentrum zum Hauptquartier der Festivalbesucher gemacht. In den Tagen um Allerheiligen. Aus allen Ecken hört man Itaker.

Seitdem das Werk verschwunden ist, trifft es einen bei der Ankunft in Villerupt nicht mehr wie ein Keulenschlag. Früher tauchte die große graue Silhouette von Micheville unvermittelt und ungefragt hinter dem Hügel auf. Und da sich die Wohnsiedlungen an den Hängen zweier Hügel drängten, blickten alle Häuser direkt auf die Schornsteine des Walzwerks. An ein Seilende gebundene Jugendliche reinigten diese während der Sommermonate, um sich ihren Urlaub zu verdienen. Jenseits des Waldes, in Audun, zogen die Wolken bis zu den Hochöfen der ARBED in Luxemburg. Kein Frieden, überall Stahl, nachts Funkengestöber, Pfeifen, Erschütterungen. Seither etwas mehr Ruhe. Die ermöglicht Vergessen. In den sechziger Jahren gab es fünf Kinosäle und genauso viele Ballsäle. Die Mädchen verabreden sich am Saaleingang. Nach der Arbeit gerade noch genug Zeit, sich umzuziehen, aufs Rad zu steigen und von den Siedlungen die große Straße hinunter zu fahren, in einer Wolke von Parfüm. Eine erotische Szene als Großereignis. In Villerupt undenkbar. Aus Angst, erkannt zu werden - vom Nachbarn, Kollegen -, fährt man bis nach Longwy, und da, in der Schlange, im Regen, der Nachbar, der Kollege, der Kamerad, alle sind sie da, ganz Villerupt, zu zweit, herausgeputzt, die Kinder in der Obhut der Großmütter, und alle erkennen sich untereinander, rot vor Scham suchen sie, verlegen lachend, nach einer Rechtfertigung für ihre Anwesenheit.

Beim Festival errichtet man das große Zelt als Hauptvorführungssaal auf dem Gelände von Micheville, das von seinen stählernen Überresten befreit wurde, dort, wo das Walzwerk einst seine Funken in den schwarzen Himmel sprühte.

Libération

Komm mit in mein Land
Komm und sieh, wo ich aufwuchs
Dann verstehst du, warum Gewalt und Tod
Zwei Male sind auf meiner Haut wie all das hier.

Nicht aufschreien. Nicht aufregen. Sich die Zeit nehmen, noch mal zu lesen. Den Übelkeit erregenden Geschmack im Mund vertreiben.

Das Becken von Longwy zwischen Rassismus und Elend

Sein erster Reflex war gewesen, der Zeitung zu schreiben,

»Na klar, das konnte ja nur in die Scheiße führen.« Es passierte

und am Ende hatte er nichts dergleichen getan,

am vergangenen 20. November, etwas weiter unten auf der großen Straße. Ein Polizist aus Longwy

hatte den Zorn langsam verrauchen lassen. Es half nichts. Man konnte sich niemals

erzählt: Es war 19 Uhr 15. Zwei Gris [Beurs, Anm. der Red.] betraten

gegen den Wind stemmen, gegen die Geschichte. Seine Wut war nichts

mit einer Knarre in der Hand die Apotheke, während ein Gallier im Auto Wache schob.

als Luft.

Der Apotheker hat geschossen. Ein Gris ist tot.«

Nachdem er seine Angreifer auf der Straße verfolgt, dann einen Kunden bedient hatte, hat der Apotheker, Marc

Wie auch immer, Longwy war schon lange tot.

Kiffer, die Polizei verständigt. Nach seiner Anhörung wurde er freigelassen. Der Polizist fährt fort:

Es war nur noch eine Frage des Stolzes.

»Dann haben sie demonstriert und die Apotheke in Brand gesetzt.«

Ein Journalist war schließlich in diese Stadt gekommen,

In Mont-Saint-Martin, gleich nebenan, hat es beim Blumenhändler geknallt.

hatte den anderen ersetzt.

Aber wir, wir haben nicht einmal reagiert, weder als Polizisten, noch als Bürger.

Hatte die Perspektive seines Berichts verändert

Die Franzosen aufseiten des Apothekers, wo sind sie?«

wegen der Rubrik Vermischtes. Und dann war das Festival vorbei.

Hier »leben die Franzosen, die gelernt haben, den Schwanz einzuziehen«, sagt Grégory. Sein Vater ist Gewerkschaftsfunktionär,

Hatte eine Woche lang recherchiert, alle Cafés besucht, eine Reaktion auf das rassistische Verbrechen erwartet.

die waschechte Linke, Menschenrechte und Sonntagsaufgebot. »Rassismus ist die Gewalt, die mir bleibt, um noch einen Funken Leben in mir zu spüren«, sagt wiederum Grégory.

Keine Reaktion.

Jeder kann einen guten Grund dafür haben, die Araber nicht leiden zu können. Man braucht ihn nur zu suchen.«

Gerade mal ein paar Worte, die das Verbrechen verurteilten. Das Ende war besiegelt. Die Proleten von Longwy,

Eine HLM-Gesellschaft für sozialen Wohnungsbau hat erneut die Verwaltung des vorrangig zu fördernden Stadtviertels (ZUP) übernommen, hat sie mit großer Geste in »le Val Saint-Martin« umgetauft. Ohne die Stahlindustrie und ihre Kredite sind die Mieten gestiegen.

gewöhnliche Rassisten.

Gewerkschaften und Ferienkolonien wurden im gleichen Tempo auseinandergenommen wie die Hochöfen. »Jetzt klafft im Leben ein Loch«, sagt Alain.

(Cannes, Wahlbüro an der Croisette, Front National 25 Prozent).

Guy Ruffin führt die Apotheke seit dreißig Jahren. Er kennt seine kleine Welt und sieht sie von seiner Theke aus an sich vorüberziehen. »Es ist mir nicht gelungen, meinen Kindern ein besseres Leben zu ermöglichen.«

Longwy, die Barbaren.

Marc Kiffer, sein Kollege, der in Réhon eine Waffe gezogen hat, ist ein Jahrgangskamerad. Auch um die fünfzig, die gleiche Geschichte. Außer dass er noch eine .357er Magnum unterm Ladentisch hatte.

Wo waren die letzten dreißig, fünfzig Jahre? Keinerlei organisierte Mobilisierung, um dem Undenkbaren entgegenzutreten.

»Ich wähle trotzdem FN, wegen Mégret.

Lediglich als der Bericht erschien. Auf einmal Empörung, Leserbriefe, öffentliche Diskussionen im Collège. Der Journalist war zurückgekommen, für einen ganzen Nachmittag, um mit den Jugendlichen zu sprechen. Sie verstanden ihn nicht.

Er war auf der École Polytechnique, und er teilt unsere Meinung. Es war also nicht ganz doof, was wir gesagt haben.«

Longwy war nicht nur das. Trotz allem.

Das Rathaus ist mitten in die Siedlung gezogen, »ein

letztes Bollwerk gegen den Zerfall des sozialen Netzes«, meint Alain Thiery, Generalsekretär der Stadtverwaltung. »Es handeln nur die, die politisch geprägt sind, sei es durch die Gewerkschaft oder die Kommunistische Partei. Von den anderen, nichts. Sie erdulden. Man verspürt hier schnell eine gewisse Machtlosigkeit.«

Longwy, Lothringen, Herz des Stahls.

Ohne ein einziges Flugblatt hat der FN im Val Saint-Martin fünfundzwanzig Prozent erzielt.

Requiescat in pace.

Im Namen aller Toten. Niemand hatte also eines Tages den Produktionsstopp beschlossen, die Standortverlagerung, niemand hatte bekanntgegeben, dass nun, nach einem Jahrhundert treuer Dienste, die Minette, die Mine in Lothringen mit einem Eisengehalt von 27 bis 30 Prozent von einer neuen brasilianischen oder schwedischen Mine mit 60 bis 70 Prozent ersetzt werden müsse? Die Zahlen, unwiderlegbar, hartherzig wie die Ungerechtigkeit. Die Zukunft erwächst also nicht aus der Vergangenheit, es gab hier also keinen Verantwortlichen, keinen Schuldigen in dieser Mordsache? Niemand hatte schon früher, viel früher beschlossen, dass, da der Stahl aus Lothringen so leicht zu verkaufen war, man sich um verarbeitende Industrien nicht zu bemühen brauchte? Ausbeuten und verkaufen. Nach uns die Sintflut. Niemand hatte es für möglich gehalten, sie zu ersetzen, die roten, solidarischen Arbeiter, ausgestattet mit einigen wenigen, durch harten Kampf errungenen Rechten – Sondertarif für die Sozialversicherung und wöchentlich zwei Eimer Kohle pro Familie umsonst – sie durch andere zu ersetzen, dort, in Amerika oder Südafrika, so weit weg, so arm …? Nachdem man hier alles ausgeplündert hatte, weiterziehen, nichts als verbrannte Erde zurücklassen, verbrannt durch die Altlasten, die Chemikalien, die Erinnerung. Nichts übriglassen als diese großen, in den Boden eingesenkten Narben: klaffende Löcher, verwüstete Landschaften, zerstörtes Gedächtnis. Und anderswo von vorne beginnen, weiter südlich, solange sich dort die Massen nicht beklagen. Entzweien, um zu herrschen: Den französischen Arbeitnehmer glauben machen, dass er mehr wert sei – ein bisschen teurer – als der Indianer aus Potosí früher (von Stollen zerklüftet der Berg, zweitausend Kilometer und tausende, abertausende Tote in den Silberstollen), als der Proletarier in den brasilianischen Schwefelminen heute. Er habe es besser getroffen und solle also schweigen.

Die Arbeiter hatten die Gefahr gewittert. Nachdenkliche Köpfe, wenn auch ölverschmiert bis zum Scheitel. An das Werk geknüpft durch Bande, die stärker waren als das Privateigentum: Hunger, Schweiß, Blut, Stolz, Fachkenntnis, Politik. Wie Bauern an ihr Land. Arbeiter, die die Zukunft ihres Unternehmens diskutieren? Vielleicht später. Für sie war es zu spät. Hoffen, dass nicht alles umsonst gewesen ist. Dass irgendwann, irgendwo endlich Schluss sei mit der Pyramide der Bürokratie, mit dem Gehorsam als höchster Tugend, acht Stunden am Tag. Vorbei die Verachtung der

Apparatschiks im dreiteiligen Anzug gegenüber den unteren Etagen der Glastürme. Die Entscheidungen von oben, im gedrechselten Marketing-Latein, damit man sie besser missversteht, die Große-Bosse-Kleine-Despoten-Befehle, die Abmahnungen, die heuchlerische Moral als Bollwerk der Macht.

Immer die gleiche Geschichte. Ein Dolch mitten durch sein Herz.

Vergebt ihnen, denn sie wissen nicht, was sie tun.

An einer Böschung, etwas weiter unten, hat man ihn gefunden, »den Gris, den die beiden tödlichen Kugeln des Apothekers getroffen haben«, wie der Polizist sagt. Als man ihm die Kapuze vom Kopf zog, erkannte man Bellaïd, neunzehn Jahre, der sich gerade mit seiner Familie zwei Straßen weiter nördlich niedergelassen hatte. Er hatte einen Job und war nicht vorbestraft.

Longwy, Sonderberichterstatter

Sie hätte ihn sehen, mit ihm sprechen, ihm erklären wollen, dass die da nicht die Echten waren, dass sich die Echten versteckt hielten, verborgen, dass sie nicht mehr auf die Straße gingen, dass sie sich zu sehr schämten, dass sie von dieser ganzen Geschichte müde und erschöpft seien. Dass sie nicht mehr wählen gingen, oder wenn, dann kommunistisch, als letzten Treueschwur, oder zumindest links. Dass sie nicht ihnen gehörten, die Stimmen des Hasses, die in der Stadt laut wurden. Dass es an ihrem Schweigen lag, dass die anderen ihre Revanche gehabt hatten und sie sich jetzt an den Arabern rächten für das, was sie den anderen früher nicht antun konnten, zu stark waren sie, zu solidarisch. Sie hätte mit ihm in ihr Land zurückkehren wollen, ihm Micheville zeigen, mit ihm in die Mine einfahren wollen, bevor es zu spät sein würde, die Entwässerung gestoppt und die Stollen geflutet würden. Sie hätte ihn mitnehmen wollen, damit er es selber sähe, damit er über all das schriebe, über diese Geschichte, damit er nicht auf halbem Weg stehen bliebe, einfach so, beim Hass, damit er tiefer grübe, es gab nicht nur das, früher gab es Liebe, es gab Arbeit, es gab Jahre um Jahre des Kampfes, Jahre voller Leben, dass er es den anderen klarmachte, dass er davon schriebe, Seite um Seite, damit all das nicht umsonst gestorben sei. Er war es, der ihnen allen Gerechtigkeit widerfahren lassen konnte, nicht auf halbem Weg stehen bleiben konnte. Es waren nicht dieselben. Sie würde ihn durch das verborgene Labyrinth ihrer Erinnerungen führen, und er würde es verstehen, da war sie sich sicher, und es würde auch Teil seiner eigenen Geschichte werden, und, einmal niedergeschrieben, ins kollektive Gedächtnis eingehen, er fände die Worte, er wüsste es ihnen zu sagen, den anderen, mit ihren Worten, er würde es zu übersetzen wissen, in die Sprache derer, die nicht erfahren hätten, was dort geschehen war, ein Splitter Geschichte, immer wieder neu, es würde endlich Gerechtigkeit geübt, auch wenn diese Gerechtigkeit nur auf dem Papier bestünde, in den Augen aller, in seinen Zeilen, plötzlich die Anerkennung, niemand hatte all das jemals aufgeschrieben. Er würde es festhalten, er würde verstehen, dass er auf halbem Weg stehengeblieben war, dass er weitergehen musste, so lange wie nötig, sie würde ihm diese Zeit gewähren, sie würde ihm das Bergwerk nahebringen, ihn die rote, eisenhaltige Erde berühren lassen, er würde mit ihnen das Sonntagsessen teilen, er würde mit ihnen gemeinsam über ihre Erinnerungen lachen. Ihn, den Pariser Journalisten, würde sie mitnehmen in ihr Land.

»Die Traurigkeit wird nicht enden«

Er konnte dieses Krankenhaus, in dem er seit zwei Monaten dahinvegetierte, nicht mehr ertragen. Er wollte raus, er wollte nach Hause, nach Audun. Die Ärzte stopften ihn mit Antibiotika voll, um den Erreger zu bekämpfen, der sich bei der Operation in seinem Körper eingenistet hatte. Auf dem Operationstisch, mit offenem Herzen, die Arme seitlich ausgestreckt, hatte er am Ende des Dunkels ein grünes Licht erahnt. Die frische Narbe über dem Brustkorb schloss sich nicht. Sein Rücken war auf der rechten Seite von oben bis unten vernarbt, dort, wo man ihm vor acht Jahren eine Lunge herausgenommen hatte. Er sagte, das sei zu viel für einen einzigen Mann. In der Zwischenzeit war die Mauer gefallen. Das Allerschlimmste war offenbar geworden, hatte sich als wahr erwiesen. Das war mehr als ein Ideal, das war ein Leben, das waren tausende Leben, verhöhnt, vernichtet. Wie nach all dem, nach dem ganzen Desaster weiter Kommunist sein, und wie von einem Moment auf den anderen beschließen, es nicht mehr zu sein, wenn in deinem Innern alles schreit, dass euer Kampf, in Frankreich, im Pays-Haut, richtig war. Longwy, Lothringen, Herz des Stahls. Woher die Kraft nehmen, um noch weiter zu kämpfen, nur für sich, um seine Haut zu retten. Die Energie war längst verbraucht, bei den Diskussionen im Ortsverband, bei den Treffen und Versammlungen, den Demos, den Wahlkampagnen, die Partei von innen heraus verändern, die Gesellschaft verändern. 1984 hatten sich alle vor dem Hôtel Matignon auf den Boden gelegt, die Berg- und Stahlarbeiter Lothringens, er mit seiner Schärpe in den Farben der Trikolore. Das war der letzte Marsch, der Marsch der Verzweiflung. Alle waren sie gekommen, um ein letztes Mal herauszuschreien, dass Lothringen leben würde. Aus Hayange, Forbach, Moyeuvre, Longwy, Lothringen, Herz des Stahls. Die Bereitschaftspolizei war bereit zu schießen, also haben sich alle auf den Gehweg gelegt. Sie haben gewartet, bis ihnen jemand zuhört. Ein Wagen ist vorgefahren, ein Minister, blockiert von den Demonstranten. Er stieg aus. Charles Fiterman. Hat sie wiedererkannt: – Was machst du hier? – Das siehst du doch, wir demonstrieren.

Die Minen wurden eine nach der anderen geschlossen: Jœuf, Jarny, Tressange, Moyeuvre, Mairy-Mainville, Piennes … Audun-le-Tiche, von der ARBED in Luxemburg betrieben, war die letzte aktive Eisenmine Lothringens. Eine Gruppe von Bergarbeitern fährt weiter in die Mine ein, für eine auf ein Minimum beschränkte Instandhaltung, bevor das letzte Gottesurteil gesprochen wird: Flutet die Stollen.

Anfang September wird er entlassen, um sich zu erholen.

Man hatte die Antibiotika-Dosis erhöht.

Eines Nachts träumte er einmal mehr denselben Traum, sein Vater, die Konzentrationslager. Mitten in der Nacht wachte er schweißgebadet auf, holte sich ein Glas Wasser.

Morgens um fünf Uhr war nichts mehr da, keine Angst, kein Schmerz, kein Zweifel, keine Albträume. Er hatte aufgehört, der Erinnerung an seinen Vater, dem Lächeln seines Vaters nachzujagen.

Sein Vater, der einen braunen Borsalino trug, wie er selbst. Sein Vater, Bergmann, wie er selbst. Sein Vater, Kommunist, wie er selbst. Sein Vater, der in den Lagern gekreuzigt wurde. Sein Vater, Italiener, sein Vater, Widerstandskämpfer, sein Vater, mit sechsundvierzig Jahren gestorben. Sein Vater, an dessen Gesicht er sich nicht erinnern konnte.

Niemand in der Wohnung sagte ein Wort. Er lag da in dem großen blauen Bett, und niemand um ihn herum sagte ein Wort. Er trug einen dunklen Anzug.

Die Mine von Montrouge in Audun-le-Tiche wurde am 31. Juli 1997 geschlossen. Es war die letzte aktive Eisenmine Lothringens.

Glossar

Lothringen: Der im Text verwendete deutsche Begriff Lothringen entspricht dem heutigen französischen Namen der Region Lorraine. Auf S. 14–16 ist das von 1940–1945 annektierte Lothringen gemeint, die Autorin hat in der Kapitelüberschrift den deutschen Begriff gebraucht.

Pays-Haut: Gegend im Département Meurthe-et-Moselle. Wichtigste Stadt ist Longwy.

Conseiller général: Ein französischer Abgeordneter auf Département-Ebene.

CGT (Conféderation générale du travail): Kommunistische französische Gewerkschaft.

Boches (frz.): Abwertende Bezeichnung der Franzosen für die Deutschen während der Besatzungszeit.

Vieni, Angelo, ti aspetto, adesso, con i tuoi fratelli, vieni. (ital.): Komm, Angelo, ich warte auf dich, jetzt, mit deinen Brüdern, komm.

Che succede? (ital.): Was ist los?

ARBED (Aciéries Réunies de Burbach-Eich-Dudelange): Ein luxemburgischer Stahlkonzern (Vereinigte Stahlhütten Burbach-Eich-Düdelingen).

Zitti! (ital.): »Klappe!«

École nationale d'administration (ENA): Elitehochschule in Paris für angehende Verwaltungsbeamte im Staatsdienst.

Collège = Gemeinschaftsschule für Schüler vom 11. bis zum

15. Lebensjahr (= entspricht in etwa der Sekundarstufe I in Deutschland).

École des mines: Elitehochschule in Paris für angehende Ingenieure im Bereich Bergbau.

E.D.F. (Électricité de France): Französische Elektrizitätsgesellschaft.

C.E.A. (Commissariat à l'énergie atomique): Französische Atomenergiebehörde.

Communes d'aujourd'hui: Französische Zeitschrift.

L'Humanité: Tageszeitung der französischen Kommunisten (seit 1923).

N.E.R.S.A. (Centrale Nucléaire européenne à neutrons rapides SA): Aktiengesellschaft, in der die E.D.F., die italienische Gesellschaft Enel und die deutsche Schnelle-Brüter-Kernkraftwerksgesellschaft 1974 zwecks Errichtung neuer Atomkraftwerke fusionieren.

C.G.E. (Compagnie générale des eaux): Französische Wassergesellschaft.

Empain: Empain-Schneider-Gruppe: Französisch-belgische Unternehmensgruppe der Stahl- und Schwerindustrie.

Hasebrot: In Lothringen Bezeichnung für ein qualitativ hochwertiges Weißbrot, das es nur zu Ostern gibt. Auch: Bezeichnung für Brotkanten, die beim Essen übrigbleiben und hart werden.

»Das blaue Land«: Gemeint ist »Walygator Parc«, ein bis heute existierender Freizeitpark in der Nähe von Metz, der ursprünglich »Big Bang Schtroumpf« hieß.

Minette (dt.: kleines Bergwerk): Fachbegriff der französischen Bergarbeitersprache für ein sedimentäres Eisenerz mit relativ geringem Eisengehalt. Abgebaut wird die Minette vor allem in Luxemburg und in Lothringen.

Valéry Giscard d'Estaing: von 1974–1981 französischer Staatspräsident.

Usinor-Sacilor: 1986 fusionierten der 1948 gegründete Eisen-

und Stahlkonzern Usinor (Union Sidérurgique du Nord de la France) mit der Unternehmensgruppe Sacilor.

CGIP: Compagnie générale industrielle de participation: Die Beteiligungsgesellschaft von Ernest-Antoine Seillière war in Schwierigkeiten geraten und wurde 2002 von der Holding Marine-Wendel übernommen und somit von der Familie de Wendel kontrolliert.

vaffanculo (ital.): Leck mich am Arsch!

Angelo, filio mio, quanto mi hai mancato! Son fiero di te, sai, di tutto quel che hai fatto. Adesso, vieni col babbo, che ti aspetto da tanti anni (ital.): Angelo, mein Sohn, du hast mir so gefehlt! Ich bin stolz auf dich, weißt du, auf alles, was du gemacht hast. Jetzt komm zu deinem Vater, ich warte seit so vielen Jahren auf dich.

Louis Aragon (1897–1982): Französischer Schriftsteller, Mitglied der Kommunistischen Partei Frankreichs. Aragon war ein Mitbegründer des Surrealismus und engagierte sich in der Résistance.

Jean Jaurès (1859–1914): französischer sozialistischer Politiker, der sich reformsozialistischen und pazifistischen Ideen verpflichtet fühlte und sich für diese einsetzte.

Messidor-Verlag: Der Literaturverlag Messidor entstand aus dem 1949 erfolgten Zusammenschluss dreier der Kommunistischen Partei Frankreichs nahestehenden Verlagshäuser (*Éditions France d'abord*, *Éditions Hier et Aujourd'hui* und *Bibliothèque Française*) unter dem Namen Editeurs français réunis (EFR), die von Louis Aragon geleitet wurden. Die Verlagsgruppe gab es bis 1994.

Fellagha (arab.): Bezeichnung für arabische Freiheitskämpfer in Algerien, die im Untergrund gegen die Herrschaft der französischen Kolonialmacht kämpfen.

Normale Sup (Umgangssprachliche Abkürzung für École Normale Supérieure): Renommierte Grande École in der Nähe des Jardin du Luxembourg in Paris.

Prépa (Umgangssprachliche Abkürzung für Classe préparatoire): Vorbereitungsklasse für Schüler zur Aufnahme an einer französischen Grande École.

Testaccia (ital.): Sturkopf.

Guglielma, come stai? E la bambolina, che carina! (ital.): Guglielma, wie geht es dir? Und was für ein hübsches Mädchen!

Nonna (ital.): Großmutter.

Bagnina (ital.): Bademeisterin.

Georges Marchais (1920–1997): Generalsekretär der Kommunistischen Partei Frankreichs von 1972–1994.

Enrico Berlinguer (1922–1984): Italienischer Politiker und Generalsekretär der Kommunistischen Partei Italiens von 1972–1984.

Malgré-nous (dt.: »Wider unseren Willen«): Bezeichnung für die von der deutschen Wehrmacht im Zweiten Weltkrieg zwangsrekrutierten Soldaten aus dem Elsass und aus Lothringen.

Pantagruel: Der junge Riese Pantagruel ist eine Figur aus dem Romanzyklus *Gargantua und Pantagruel* von François Rabelais (ca. 1494–1553).

Mà sei pazza, tu? (ital.): Aber bist du denn verrückt?

Pièce montée: Französische Pâtisserie-Spezialität in Pyramidenform, die oft zu Hochzeiten oder anderen feierlichen Anlässen serviert wird.

Festung Vauban: Die 1679 vom Festungsbaumeister von Louis XIV., dem Maquis de Vauban, errichtete, befestigte Oberstadt von Longwy, die zum UNESCO-Weltkulturerbe gehört.

»Cattolichi falsi!« (ital.): »Falsche Katholiken!«

L'Huma Dimanche: Sonntagsausgabe der französischen Tageszeitung *L'Humanité*, die der Kommunistischen Partei Frankreichs nahesteht.

Grand Soir: Im Sprachgebrauch des kommunistischen bzw. anarchistischen Milieus bezeichnet die Wendung »Grand Soir« die Vorstellung der sozialen Revolution durch die Arbeiterklasse.

Malocchio (ital.): Böser Blick.

disgraziati (ital.): Elende, Arme, Bezeichnung für arme und oft ungebildete Einwohner einer Stadt, die am Rande der Gesellschaft leben.

Manganello (ital.): Knüppel.

Se no m'ammazzo! (ital.): Sonst bringe ich mich um!

Libération: Französische Tageszeitung.

Gris: Abwertende Bezeichnung für Franzosen maghrebinischer Herkunft.

Beur: Umgangssprachliche Bezeichnung für ein in Frankreich geborenes Kind, dessen Eltern aus dem Maghreb eingewandert sind. Das Wort »Beur« entstammt der französischen Jugendsprache Verlan, in der die Silben eines Wortes miteinander vertauscht und neu zusammengesetzt werden: So wird »arabe« zu »beur«.

HLM (Habitation à loyer modéré): Sozialwohnung.

ZUP (Zone à urbaniser en priorité): Zone für vorrangige Stadtplanung, oftmals an sozialen Brennpunkten.

polytechnicien: Student an der École Polytechnique, einer renommierten Elitehochschule für angehende Ingenieure in Paris.

Hôtel Matignon: Amtssitz und Residenz des französischen Premierministers in Paris.

Charles Fiterman: Französischer Politiker (* 1933), von 1981–1984 Verkehrsminister unter François Mitterrand.

Brigitte Giraud

Die Liebe ist doch sehr überschätzt

Aus dem Französischen von Anne Braun

96 Seiten. Gebunden

Liebesgeschichten enden im Allgemeinen schlecht. Zumindest enden sie. Ohne Pathos, ohne Klischee, mit Zartheit und Sanftmut, entlarvt Brigitte Giraud den Alltag der Beziehungen. Elf Momentaufnahmen über die Liebe. Elf Mal Trennung, Es-den-Kindern-sagen, jemanden vermissen, einen Platz im Leben suchen, gemeinsam Nacht und Tag erleben, verlieben und sterben. Brigitte Giraud erzählt von Enttäuschung und Ratlosigkeit, von Arrangements mit der Lüge, von Brüchen und Zerrissenheit und von verlorener Leidenschaft. Sie schreibt einfach und doch voller Zwischentöne über Banalitäten, die keine sind, über zu viele Schlafzimmer und zu wenig Sex. Die Liebe ist doch sehr überschätzt. Es lebe die Liebe.

»Die Liebe überlebt die Trauer über die Liebe!«
Libération

Brigitte Giraud
Das Leben der Wörter
Roman
Aus dem Französischen von Anne Braun
Band 17222

Gedichte, Flussmündungen und höchste Berge. Die Schule bietet Nadia neue Horizonte und lässt sie der Enge ihrer Familie entfliehen. Und alles kann sie in der Schule lernen, alles, bis auf die Wahrheit über ihre frühe Kindheit, ihre verlorene Mutter und die Heimat Algerien. Aber sie lernt, ihr Leben mit Wörtern zu füllen und so ein Stück weit das Verlorene wiederzufinden.

»Dieser wunderschöne Roman über das Leben als Suche nach den eigenen Wurzeln leuchtet in allen Regenbogenfarben der Poesie und ist geprägt von Anmut und Tiefe.«
Le Monde des Livres

»Eine Faszination des Lauernden, Drohenden, der man sich nicht entziehen kann.«
Deutschlandradio Kultur

»Bewegend.«
Die Literarische Welt

Fischer Taschenbuch Verlag

fi 17222 / 1